中/华/少/年/信/仰/教/育

现代文化名人

中华少年信仰教育读本编写委员会 / 编著

信仰创造英雄　信仰照亮人生

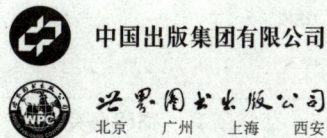

图书在版编目（CIP）数据

现代文化名人 / 中华少年信仰教育读本编写委员会编著 . — 北京：世界图书出版公司，2016.5（2024.5 重印）
ISBN 978-7-5192-0887-5

Ⅰ. ①现… Ⅱ. ①中… Ⅲ. ①文化—名人—生平事迹—中国—现代—青少年读物 Ⅳ. ① K825.4-49

中国版本图书馆 CIP 数据核字 (2016) 第 049118 号

书　　名	现代文化名人
	XIANDAI WENHUA MINGREN
编　　著	中华少年信仰教育读本编写委员会
总 策 划	吴　迪
责任编辑	王　鑫
特约编辑	韩　捷
出版发行	世界图书出版有限公司北京分公司
地　　址	北京市东城区朝内大街 137 号
邮　　编	100010
电　　话	010-64033507（总编室）　（售后）0431-80787855　13894825720
网　　址	http://www.wpcbj.com.cn
邮　　箱	wpcbjst@vip.163.com
销　　售	新华书店及各大平台
印　　刷	北京一鑫印务有限责任公司
开　　本	165 mm×230 mm　1/16
印　　张	10.5
字　　数	137 千字
版　　次	2016 年 8 月第 1 版
印　　次	2024 年 5 月第 5 次印刷
国际书号	ISBN 978-7-5192-0887-5
定　　价	42.00 元

版权所有　翻印必究

（如发现印装质量问题或侵权线索，请与所购图书销售部门联系或调换）

序　言

信仰是什么？

列夫·托尔斯泰说："信仰是人生的动力。"

诗人惠特曼说："没有信仰，则没有名副其实的品行和生命；没有信仰，则没有名副其实的国土。"

信仰主要是指人们对某种理论、学说、主义或宗教的极度尊崇和信服，并把它作为自己的精神寄托和行动的榜样或指南。信仰在心理上表现为对某种事物或目标的向往、仰慕和追求，在行为上表现为在这种精神力量的支配下去解释、改造自然界和人类社会。

信仰，是一个人在任何时候都不能丢的最宝贵的精神力量。人有信仰，才会有希望、有力量，才会树立正确的价值观，沿着正确的道路前行，而不至于在多元的价值观和纷繁复杂的世界中迷失方向。

信仰一旦形成，会对人类和社会产生长期的影响。青少年是社会的希望和未来的建设者，让他们从普适意识形成之初就接受良好的信仰教育，可以令信仰更具持久性和深刻性，可以使他们在未来立足于社会而不败，亦可以使我们的伟大祖国永远立于世界民族之林。

事实上，信仰教育绝不是抽象的、概念化的教育，现实生活中，我们有无数可以借鉴的素材，它们是具体的、形象的、有形的、活生生的，甚至是有血有肉的。我们中华民族有着几千年的辉煌历史，多少仁人志士只为追求真理、捍卫真理，赴汤蹈火，前仆后继；多少文人骚客只为争取心中的一方净土，只为渴求心灵的自由逍遥，甘于寂寞，成就美名；多少爱国志士只为一个"义"字，不惜抛头颅、洒热血。他们如滚滚长江中的朵朵浪花，翻滚激荡，生生不息，荡人心魄。如果我们能继承和发扬这些精神和信仰，用"道"约束自己的行为，用"德"指导人生的方向，那么我们的文明必将更加灿烂，我们的国运必将更加昌盛。

正基于此，"中华少年信仰教育读本系列丛书"应运而生。除上述内容外，本丛书还收录了中国人民百年来反对外来侵略和压迫，反抗腐朽统治，争取民族独立和解放，前赴后继，浴血奋斗的精神和业绩，尤其是中国共产党领导全国人民为建立新中国而英勇奋斗的崇高精神和光辉业绩；不仅有中国历史上涌现出的著名爱国者、民族英雄、革命先烈和杰出人物，还有新中国成立以后涌现出的许许多多的英雄模范人物。

阅读这套丛书，能帮助青少年树立自己人生的良好的偶像观，能帮助青少年从小立下伟大的志向，能帮助青少年培养最基本的向善心，能帮助青少年自觉调节自己的行为，能帮助青少年锁定努力的方向，能帮助青少年增加行动的信心和勇气。

习近平总书记说："人民有信仰，民族才有希望，国家才有力量。"因此我们有理由相信：少年有信仰，国家必有希望。

中华少年信仰教育读本编写委员会

目录

第一章 陶行知：人民教育家 / 001

使中华放大光明于世界 / 001

聪敏好学 / 002

探索新教育 / 004

国难当头的唤醒 / 007

止于人民之幸福 / 012

生活即教育 / 018

陶行知纪念馆 / 027

第二章 鲁迅：文化运动的主将 / 030

出身望族，家运衰 / 030

弃医从文 / 035

从沉默到呐喊 / 044

用文字唤醒国人 / 054

甘愿做一个盗火者 / 059

鲁迅故居及纪念馆 / 068

上海鲁迅纪念馆 / 072

第三章　闻一多：民主战士 / 076

清华园的才子 / 076

改良社会 / 080

留美生涯 / 085

从诗人到学者 / 093

伟大的民主战士 / 102

闻一多纪念馆 / 109

第四章　冰心：忠诚的爱国主义者 / 114

谢家第一个读书的女孩 / 114

超越的爱 / 122

死生契阔，与子成说 / 128

"把春天吵醒了" / 135

冰心文学馆 / 141

第五章　聂耳：人民音乐家 / 144

坎坷的探索 / 144

拼命三郎 / 149

高潮后的陨落 / 153

聂耳纪念馆 / 161

第一章　陶行知：人民教育家

使中华放大光明于世界

古代的孔子开私塾提倡"有教无类"，首开平民教育之先河。近代的五四运动之后，中国又出现了一位努力践行平民教育的人物，并根据"生活教育"的理论创办了各类新型学校。他就是被人们尊称为"当今圣人"，被毛泽东誉为"伟大的人民教育家"的陶行知。

陶行知是我国伟大的人民教育家，伟大的民主主义战士，伟大的共产主义战士，伟大的爱国者，是中国人民救国会和中国民主同盟的主要领导人之一。

陶行知生活的年代，是祖国的危难之际，多事之秋。鸦片战争爆发以后，帝国主义列强用枪炮打开中国国门，中国由一个闭关自守的封建社会，逐步成为一个半殖民地、半封建社会。陶行

知亲眼见到生活在社会最底层的广大劳动人民,特别是占中国人口80%以上的农民过着贫穷、愚昧、落后,受压迫、受欺凌的悲惨生活,另一方面由于他留过学,出过洋,亲眼见到了世界一些发达国家中的先进的东西。先进国家与落后国家之间的强烈反差,强烈刺激着陶行知那颗忧国忧民的心。陶行知深切地感受到祖国繁荣富强的重要性和迫切性,热切地希望祖国能够尽快地改变贫穷落后的面貌,早日跨入世界先进国家的行列。因此,他怀着强烈的改造环境、改造社会的愿望,自觉地学习马克思列宁主义并接受中国共产党的领导和帮助,渐渐地由一个信奉王阳明"知是行之始,行是知之成"的小资产阶级知识分子,逐渐成长为一个唯物主义者,最终成为一个"一直跟着毛泽东同志为代表的党的路线走"的"无保留追随党的党外布尔什维克"。

聪敏好学

陶行知1891年10月出生于安徽黄山脚下的歙县黄潭源村,他的父亲名位朝,字槐卿,靠教书为生。母亲接管了祖上的一片酱园,后因社会经济萧条而破产倒闭。

陶行知自小十分聪敏好学。6岁时,曾在邻居家厅堂玩耍,看见厅堂墙上挂着对联,便坐在地上临摹起来,被邻村方庶咸秀才看见,以为神童,免费为其开蒙,后入家乡蒙童馆吴尔宽处就读。15岁时,其母在一所教会中学"崇一学堂"帮佣,陶行知经常到那里帮母亲做些事,被学校校长英国人唐敬贤看中,免费让他入学读书。

他在睡觉的宿舍墙上,挥笔写下了"我是一个中国人,应该为中国做出一些贡献来"的豪言壮语。在他的满腔爱国热情下,三年的课程两年就学完,并以优异成绩毕业。1908年,陶行知17岁,考入了杭州广济医学堂,他想通过学医来解除广大劳动人民的病痛,实现自己的报国志向。但是这所教会学校歧视非入教的学生,他不愿意自己的思想受外国人的随意摆布,入学仅三天就愤而退学。

1909年,陶行知考入南京汇文书院,次年转入金陵大学文科。大学期间,他受到孙中山领导的民主革命的影响,边学习,边任金陵大学《金陵光学报》中文版编辑,宣传民族主义革命思想。他写了《金陵光出版之宣言》一文,号召全校同学,努力学习和工作,发出自己的光和热,报效祖国,"使中华放大光明于世界"。陶行知原名文濬,因此时推崇明代哲学家王阳明的"知行合一"学说,取名"知行"。虽然王阳明学说含有主观唯心主义的成分,陶行知却从中悟出学习与实践相结合的道理,且终生以此自勉。

1914年，陶行知以总分第一名的成绩毕业。在他写的毕业论文《共和精义》中，他写道："人民贫，非教育莫与富之；人民愚，非教育莫与智之；党见，非教育不除；精忠，非教育不出。"这表明他已深刻地认识到教育在提高人民素质和促进国家进步发达的地位和作用，并确立了投身教育、报效祖国的思想和志向。毕业后他赴美留学，先是在伊利诺伊大学学市政，半年后便毅然转学哥伦比亚大学，师从杜威、孟禄、克伯屈等美国教育家研究教育，并获"都市学务总监资格"。1917年毕业后，他毅然谢绝校方请他继续留学深造的邀请，踏上了投身教育、报效祖国的神圣之路。在写给妹妹的信中，陶行知这样说道："我本是一个中国平民，无奈十几年的学校生活渐渐地把我向外国的贵族方向转移，好在我的中国性、平民性是很丰富的。我的同事都说我是一个'最中国的'留学生。经过一番觉悟，我就像黄河绝了堤，向着那中国的平民的路上奔流回来了。"在归国时乘坐的船上，陶行知与同学们畅谈自己今后的抱负，豪迈地说："我要使全体中国人都有受教育的机会。"

陶行知回国后，开始投身教育，历任南京高等师范学校教授、教务主任，东南大学教育科和教育系主任，南京安徽公学校长等职，并担任《新教育》杂志主编。开始对"沿袭陈法，仪型他国"的传统教育和洋化教育进行了大刀阔斧的改革，主张将教授法改为教学法，倡导"教学合一"，提议吸收女子入学，开创了男女同学的新风。

探索新教育

1922年5月，陶行知与李大钊、蔡元培、胡适等人联名发表《我们的政治主张》，这是他与中国共产党创始人之间的直接联系。1923年，陶行知担任中华教育改进社主任干事，以后又与朱其慧等人发起组织了中华平民教育促进会，与北京大学教授朱经农合编《平民千字课》，奔走于冀、察、苏、浙、皖、赣、豫、鄂等省，创办了一批平民学校，推行平民教育。他积极探索改革中国旧传统教育的道路，希望以教育唤醒民众，振奋民族精神。

　　第一次国共合作和北伐战争的推进，更坚定了陶行知改革中国旧传统教育的决心，"生活教育理论"逐渐形成。1926年至1927年，陶行知在改造中国旧传统教育中有了重大突破，这也是他探索中国教育改革的转折点。鉴于中国是一个以农业为主的国家，农村人口占总人口的85%以上，国家工作，包括普及教育应该把广大的乡村作为工作的重点。为此，他明确提出了"四个一百万"的计划，即"筹措一百万元基金，提倡一百万所学校，征集一百万位同志，改

造一百万个乡村",这个宏伟的计划如果实现,中国的乡村面貌就会得到很大改变,但当时正处于大革命时期,国民政府不可能支持这一计划。

陶行知并不气馁。"千里之行,始于足下。"他自己先做了一个示范。1927年3月15日,陶行知放弃了优厚的教授生活,谢绝了武昌高等师范(武汉大学的前身)校长的盛情邀请,脱去西装革履,穿上布衣草鞋,告别城市繁荣舒适的生活,在南京北郊晓庄创办了南京晓庄实验乡村师范学校(后改名为晓庄学校)。他想通过培养具有"康健的体魄,农夫的身手,科学的头脑,艺术的兴趣,改造社会的精神"的乡村教师,以实现他的"改造一百万个乡村"的宏愿,"为三万万四千万农民烧心香"。他将"教学合一"发展为"教学做合一",提出"生活即教育""社会即学校""教学做合一"的生活教育理论体系。这在中国近现代教育史上是一个伟大的创举,是人民大众反帝、反封建的教育思想体系。

晓庄师范的教育实践使陶行知的世界观发生了转折,他由一个革命的民主主义者逐步成为一个共产主义战士。晓庄师范创办不到一个月,1927年4月12日,蒋介石发动了"四一二反革命政变",大肆屠杀革命党人。陶行知在逆境中办学,革命倾向日益明显。

1930年4月，国民党反动政府因惧怕晓庄学校的革命性，以"勾结叛逆，图谋不轨"为借口，以武力封闭晓庄学校。陶行知受到通缉，学生30多人被捕，共产党员10多人惨遭杀害，陶行知被迫临时避难日本。

陶行知的老师、世界著名教育家杜威博士联系世界知名人士爱因斯坦、罗素等人通电蒋介石，要求取消对陶行知的通缉，陶行知于1931年春从日本秘密返抵上海。

国难当头的唤醒

当时，日本侵略者发动"九一八"事变，民族危机日益严重，陶行知竭诚拥护中国共产党的主张，成为上海救国运动的领袖之一。他与沈钧儒、邹韬奋、胡愈之、李公朴等共同发起了"上海文化界救国会"。1932年，上海发生"一·二八"事变，十九路军奋勇抵抗，得到上海和全国人民的声援和支持。此时的蒋介石仍然坚持"攘外必先安内"政策，对中国共产党的苏区进行反革命围剿。在这种严峻的形势下，陶行知与一些志同道合的同事在上海继续进行改造旧传统教育的试验，于1932年10月1日，在上海宝山大场附近，创办了一种新型的教育形式——"山海工学团"，招收当地的农民子女入学。学生既读书，又做工，引导农民科学种田，起到立竿见影的效果，很受农民的欢迎，逐步扩展到在几万人的地区办起了一批工学团。直到上海沦陷，工学团才被迫停办。

1933年春，陶行知将原作《锄头舞歌》中加上了"光棍的锄头不中用，联合机器来革命"的新的一段，这表明他已经认识到中国工人阶级的重要地位和作用。1934年主编《生活教育》半月刊。同年7月，陶行知发表《行知行》一文，认为"行是知之始，知是行之成"，正式宣布将自己的名字由"知行"改为"行知"，表明他

已经成为一个彻底的唯物主义者。

在日本侵占了东北后,华北日益危急。1935年爆发了"一二·九"运动,掀起了全国抗日救亡运动的高潮。此时,中国工农红军长征已经到达陕北,在香港的陶行知、邹韬奋与在上海的沈钧儒、章乃器联名于1936年7月15日发表了著名的《团结御侮的几个基本条件与最低要求》,提出了希望全国人民、国共两党组成联合战线一致抗日。这个文告还特别提到拥护中国共产党在1935年发表的《八一宣言》,提出了停止内战、联合各党各派共同抗日的主张。

1936年7月,陶行知受全国救国联合会的委托,担任国民外交使节,出访了欧、美、亚、非28个国家和地区,出席"世界和平大会"、"世界新教育会议"第七届年会、"世界青年大会"、"世界反侵略大会",当选为世界和平大会中国执行委员。在历时两年多的活动中，在宣传抗日救国，介绍中国大众教育运动，促进华侨团结，开展人民外交活动，推动对日禁运军需物资方面做出了很大贡献。在英国，他多次瞻仰马克思墓，并写诗颂道："光明照万世，宏论醒天下，'二四七四八'（马克思墓的墓号），小坟葬伟大。"

在他出国访问期间，沈钧儒、李公朴、邹韬奋、沙千里、史良、章乃器、王造时等七君子以"爱国罪"被捕入狱。"抗日有罪"，使在国外的陶行知气愤不已。陶行知是救国会的领导人之一，蒋介石对他再次发出了通缉令。陶行知愤怒地写下了郑板桥诗句"千磨万击还坚劲，任尔东西南北风"以明心志。他再次通过杜威联合爱因斯坦、罗素等世界知名人士通电蒋介石，营救七君子。沈钧儒后来说：倘若陶行知留在国内，一定和我们在一起，"七君子之狱"就变成"八君子之狱"了。

"七七"事变之后，全国抗日战争爆发。陶行知提出要把教育

作为民族解放斗争的武器,推行战时教育,提出抗战教育的目标是"在战时的组织中进行教育,组织民众起来参加战时教育"。

1938年8月30日,陶行知来到香港。那时抗日的战火已经燃烧到了中原地区。在香港各界为他举行的欢迎会上,他诚挚地表示要把自己整个的身心投入到民族解放的斗争中去,并具体谈了回国三愿:一是创办晓庄学院,培养高级专门人才;二是为抗日战争中流离失所的儿童创办一所难童学校;三是在香港创办职业补习学校,通过教育方式,广泛发动香港同胞和海外华侨参加抗日救国斗争。经过短期筹备,同年11月,香港中华业余学校便开学了。

1938年10月1日,陶行知经长沙等地来到了武汉。此时,日本侵略军已逼近武汉,武汉人民正在掀起保卫武汉的斗争热潮。在武汉,陶行知会见了周恩来、邓颖超等中共领导人,向他们谈了海外支持中国人民抗日斗争的情况。陶行知还同《渔光曲》的作曲者、音乐家任光等去看望了武汉战时儿童保育院的儿童,发现有许多很有培养前途的儿童得不到就学的机会,心情十分沉重,增加了他为难童创办学校的决心。

1938年10月25日,武汉沦陷。27日,陶行知回到重庆,从此时起,他在重庆度过了8个春秋。陶行知应聘为国民参政员。同年12月,生活教育社总社在桂林成立,陶行知被选为理事长。接着又建立了晓庄研究所,配合全面抗战,开展全面教育。1939年7月20日,为使在抗战中失去父母或家庭的难童能够受到教育,陶行知在四川重庆附近的合川县凤凰山古圣寺,创办了一所难童学校——育才学校,选拔有特殊才能的儿童。为抗战建国培养"追求真理的小学生,即"知即传的小先生;手脑双挥的小工人;反抗侵略的小战士"。学校除设普修课之外,另外设有音乐、戏剧、绘画、文学、社会、自然、舞蹈等组,因材施教,培育人材幼苗。学校办

得有声有色，名闻中外，为革命培养了不少专门人才。1940年9月，周恩来和邓颖超专程访问了育才学校，并在欢迎会上发表了讲话。周恩来讲话的中心是希望同学们做到"一代胜似一代"，并在一些同学的笔记本上题词"一代胜似一代"。邓颖超给孩子们的题词是"未来是属于孩子们的"。从1940年至1946年，中共中央南方局主要领导人周恩来、董必武、吴玉章、叶剑英、邓颖超、徐冰、钱之光等都多次到育才学校看望师生或观看育才学校举行的音乐会和戏剧演出等。

育才学校在创办的过程中，受到了国民党反动派的高官利诱和重重阻挠、封锁、迫害甚至恐吓威胁。最困难的时候，师生们每日只能喝两餐稀粥，以十几颗蚕豆下饭。有人劝他关掉育才学校，别再"抱着石头游泳"了。但是，陶行知不怕威胁利诱，克服重重困难，以一个彻底的唯物主义者的大无畏气概，号召全校师生团结起来，战胜困难，坚持斗争，做"集体的新武训"，坚决把育才学校办下去。在中国共产党和进步人士的帮助下，陶行知顽强地和国民党反动派进行斗争，终于使育才学校坚持到了新中国成立。

止于人民之幸福

抗战胜利后，陶行知响应中国共产党的号召，奋不顾身地投入反内战、反独裁、争取和平民主的斗争。同年8月，毛泽东主席到重庆与国民党谈判，曾多次接见陶行知。谈判结束后，陶行知代表民盟到机场为毛泽东主席飞返延安送行，并合影留念。同年10月，中国民主同盟在重庆召开临时全国代表大会，陶行知被推选为民盟中央常委、教育委员会委员，主办《民主》星期刊，主编《民主教育》杂志。

1946年2月10日，为庆祝政协会议成功，重庆各界人民在较场口集会，陶行知组织育才学校和社会大学师生担负集会的纠察工作。集会遭到国民党的破坏，打伤了郭沫若、李公朴等多人，育才学校和社会大学的一些师生也遭到特务殴打。事件暴露了国民党反动派为一党私利破坏政治协商会议（史称"旧政协"）决议、坚持独裁内战的真面目，唤起了更多爱国知识分子及国民党营垒中人的民主进步意识的觉醒，也导致了当时美国以支持蒋介石独裁反共为基础的对华政策的改变。陶行知气愤地说："民主是需要用血、用生命去争取的"，并组织师生到医院去慰问受伤人员。

现在重庆较场口树立了"较场口事件纪念碑",使后人不忘争取民主自由和人民解放的艰难历程。在纪念碑上,也有陶行知的浮雕像。

1946年1月,陶行知在重庆创办社会大学,并任校长,提出"大学之道,在明民德,在亲民,在止于人民之幸福",这是在他生命的最后一年创办的学校。创办这所大学不仅是陶行知的愿望,也是当时南方局和周恩来、董必武、吴玉章等领导人的希望。因为他们考虑到在国统区组织和发动民众参加民主运动和人民解放斗争,没有一支干部队伍去组织和领导是不行的,社会大学正可以做培养革命干部的工作。在周恩来的支持下,由陶行知出面,李公朴、史良参加学校的领导工作。这所学校经过短期的筹备就办起来了,由陶行知任校长,李公朴任副校长,冯玉祥任董事长。校址设在重庆市中区管家巷28号。社会大学的学生以在职的进步青年为主,设立政治系、文学系、新闻系和教育系。周恩来、董必武、吴玉章、邓颖超、熊复等都到校作过专题报告。陶行知聘请了邓初民、华岗、许涤新、张友渔、王昆仑、侯外庐、章乃器、翦伯赞、宋云彬、胡风、何其芳、曹靖华等一大批著名学者在社会大学任教。社会大学坚持

民主进步，拥护中国共产党的领导，在学校成立了地下党支部，积极参加民主运动。这样，学校势必成为国民党当局的眼中钉。办学仅一年余，就被国民党政府查封，被迫转入地下办学，一直坚持到重庆解放。

1946年4月，陶行知风尘仆仆来到上海，一方面寻找新的育才学校地址，一方面为反独裁、争民主，反内战、争和平奔走呐喊，他在3个多月内演讲100多次，并积极筹组"中国国际人权保障会"。

4月21日，陶行知在育才中学讲演《小学教师与民主运动》，24日，在储能中学召开的上海教育界欢迎会上演讲。大任小学、圣约翰大学、大同中学、沪江大学……到处都留下了陶行知的身影。

6月23日，上海各界争取和平反对内战代表团赴京请愿，陶行知在五万人欢送大会上发表演讲。陶行知大声呼吁："八天的和平太短了，我们需要永久的和平！假装的民主太丑了，我们需要真正的民主！"

6月25日，陶行知在国际饭店代表54个人民团体举行外国记者招待会，要求美军立即撤退。

6月29日，陶行知与郭沫若、沈钧儒等发起《致美国人民书》。

7月，民主战士李公朴、闻一多先后在昆明遭到国民党特务暗杀，白色恐怖已经弥漫上海。从多方面的消息证实，陶行知被列为暗杀黑名单的第三名。陶行知一面做好了"我等着第三枪"的牺牲准备，一面继续坚持斗争，视死如归，始终站在民主运动的最前列。1946年7月16日，他写信激励育才师生为民主而斗争。信中的一段是：

> 公朴去了。昨今两天有两方的朋友向我报告不好的消息。如果消息确实，我会很快地结束我的生命。深信我的生命的结束不会是育才和生活教育社之结束。我提议为民主死了一个，就要加紧感召一万人来顶补，这样死了一百个就是一百万人，死了一千个就是一千万人。我们现在第一要事是感召一万位民主战士来补偿李公朴先生之不可补偿之损失，只有这样才是真正的追悼。平时要以"仁者不忧，知者不惑，勇者不惧，贫贱不能移，威武不能屈，美人不能动"相勉励。

1946年7月25日，陶行知因劳累过度，又在国民党特务的严重威胁下受刺激过深，患脑溢血逝世，享年55岁。陶行知逝世

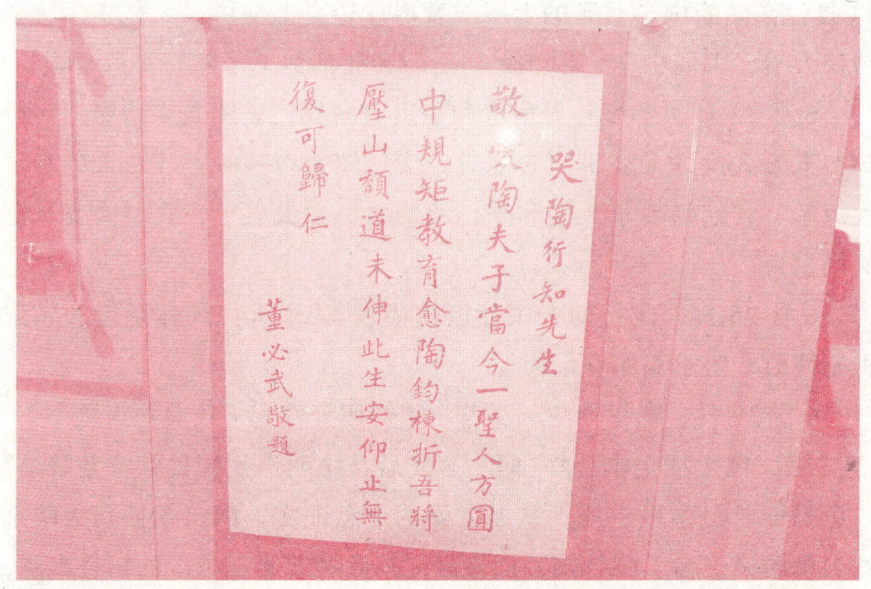

后，周恩来向党中央发出电报，指出："十年来，陶先生一直跟着毛泽东同志为代表的党的正确路线走，是一个无保留追随党的党外布尔什维克。"8月11日，陶行知的灵柩由全国53个人民团体公葬于南京晓庄劳山之麓。

陶行知先生的一生是在人民涂炭、国家多难、民族危急之秋度过的。他以"捧着一颗心来，不带半根草去"的赤子之忱，与劳苦大众休戚与共，与共产党人亲密无间，为人民革命教育事业，为民族解放和民主斗争事业鞠躬尽瘁，奋斗终生，做出了不可磨灭的贡献。他是最早关心农民问题而又深入农村躬行实践的人，是知识分子最早和劳动人民相结合的先驱之一。他教育师生要"千教万教教人求真，千学万学学做真人"。他自己的一生，正是不断追求真理做真人的典范。他学识渊博，勇于实践，善于从中国的国情出发，创造性地开展各个时期的革命教育工作，百折不挠"为中国教育寻觅曙光"，在教育理论及实践经验方面，为我们留下了宝贵的遗产。他才华横溢，善于用工农大众易懂的诗歌形式和语言，抒发劳动人民的心声，表达自己的思想，世称大众诗人。陶行知一生的思想与实践，为我们留下了一座丰富的矿藏，有待今人去开发、利用，为建设具有中国特色的社会主义服务，"使中华放大光明于世界"。

017

生活即教育

人生无处不数学

杨秉荪原来是育才学校社会组的,陶行知了解到他对社会科学不感兴趣,让他自由选择喜欢的专业。在音乐组门口,听到贺绿汀弹《牧童短笛》,他立刻被吸引住了,忍不住大喊起来:"太美了,我要学音乐!"陶行知含笑同意。从此他跟着贺先生学音乐。

不久,陶先生请马思聪指导小杨学钢琴、小提琴,他乐感好,又聪明,深得马先生赏识,夸他是一颗很有希望的音乐小星,不久他就能在音乐会上独奏。

对音乐有独特天赋的小杨,学琴非常用功,却有个大毛病,他对数学深感头疼,不肯下工夫好好学。有一次,还在壁报上贴了一首打油诗,公开阐明自己的观点:"人生在世有几何,何必苦苦学几何?学习几何苦恼多,不如咪索拉西多!""育才"学生大多喜欢艺术,这首诗引起共鸣,认为将来当艺术家的人,学数学是浪费时间,于是,数学课秩序大乱。

诗发表的第二天午后,陶行知将小杨找去,问了他几个问题:"你今天中午吃了几碗饭?下午还要上几节课?你知道大米现在多少钱一斤?比3年前涨了多少倍?"小杨非常机灵,一听这几个问题都与数学有关,他不回答陶先生的问题,赶紧认错:"我的诗写错了。"陶行知大笑说:"从文学角度看,你的诗押韵押得好,很有水平呢。"小杨不好意思地笑了。陶先生又说:"这些问题都和数学有关,人生无处不数学,离开数学寸步难行啊!数学有严谨的逻辑,丰富的想象,能培养人科学的头脑、敏捷的判断力和一丝不苟的精神。学好数学将会帮助你学好其他课程,学好音乐。其实音乐的咪索拉西多也是数学啊。"

一席话说得小杨豁然开朗。小杨又写了一首诗:"人生在世有几何,定要苦苦学几何。学习几何好处多,更加咪索拉西多。"他努力学习,全面发展,后来,成了一位闻名中外的音乐家。

做国家小主人

1940年,中国遍地战火,日寇铁蹄践踏大江南北。很多孩子在战争中失去父母成为无人养护的孤儿,有的年龄还很小,有些人认为,国家有难自顾不暇,无力照料这些难童,能给他们吃饱穿暖就不错了,很多学校毁于战火,哪里还顾得上办教育。陶行知认为,任何时候,对孩子的教育都不该放弃。孩子是国家的未来,不管是孤儿还是有家的,国难当头,更要对他们进行国难教育,为此他经常为孩子们演讲。有一次为战时儿童保育院的难童讲话,他拿出一张纸,是大家都认识的中国的"中"字,难童大多会读这个字,全场高声朗读:"中,中!"

陶行知把纸歪倒,"中"变成了"中",他说:"如果中国躺下睡觉了,哪还有精气神?"他又说:"如果中国不但睡觉,还在昏睡中,自己的胳膊打自己的腿,互相殴打,最后腿、手都打断了,'中'字变成了什么?"难童回答不出。他抽出一个"日"字说:"中国要昏睡,又在昏睡中打内战,'中'字必定变成这个'日'字,中国就变成日本的殖民地。我们能再昏睡吗?""不!"孩子们齐声喊道。

陶行知又拿出了"中"字说:"大家永远记住:团结、联合、不睡大觉!让我们伟大的祖国永远站立在亚洲,站立在世界!你们要做国家的小主人。责任落在我们肩上,也落在你们身上。"

不让"中"字躺倒在地,不让中国躺倒在地,陶行知的话深深地烙在了孩子们心上。

报童工学团

陶行知在上海办了许多工学团,其中有一个叫报童工学团,它是怎样办起来的呢?

那是1932年,陶行知在大场办学期间,他到市区办事,常常被街上卖报的小孩围住,陶先生望着孩子们一张张期待的脸,总是爽快地掏出钱来,买下几张报纸。看着报童他总感到有些歉意。有一次,陶先生从电车上下来,又被报童团团围住。陶先生照例掏钱买报,不过,这次没有像往常那样匆匆赶路,却把这些流浪在街头的孩子召集起来,读报给他们听,问他们识不识报上的字,又给他们讲报上的故事。报童中只有几个人认得一些简单的字。他说:"如果你们能识更多的字,那么报上讲些什么不就全知道了吗?你们一面叫卖,一面介绍报纸的内容,也许生意会好些。回去后还可以讲给你们的妈妈听呢!"又问他们是否想读书,报童们望着陶先生慈祥的脸,一个个都低下了头。他们都是逃荒来的,父母住在滚地龙里,做些苦工,勉强能果腹已不错了。小孩子卖报贴补家用,全家才不致

挨饿，哪有余力送孩子上学！他们问："上哪儿去读书呢？我们都没有钱。"陶先生挽着孩子们坐在路边说："你们不会一辈子卖报，将来会有好日子过的。有空学点文化，识了字，人家就不容易欺负你们。"他伸出一只手指在地上写了一个"人"字说："这就是笔，可以在地上写字。"又指着报纸说："这就是书。我每天早出来几分钟，教你们识字。谁识的字多，我就多买他的报纸。我们上学不用花一分钱。"此后，在静安寺1路电车终点站的空地上，在买报之余，陶行知教报童识字，后来他把这些儿童组织起来，找房子当教室，又请了指导员教报童们识字读书，他请陈挺夫、方明来当小先生，成立了报童工学团。就这样，一群流浪在街头的报童终于有机会读书了。看着他们，陶行知高兴地说："照不到的贫民窟里，正是我们应当办教育的地方。"这些流浪儿学了文化，懂得了做人的道理，有一些孩子在陶行知的关心教育下，走上了革命的道路。多一块教育的地方，就有机会为国家多培养一批人才。

四 糖故事

有一个男生用泥块砸自己班上的男生，被校长陶行知发现制止后，命令他放学时到校长室去。放学后，陶行知来到校长室，男生早已等着挨训了。可是陶行知却笑着掏出一颗糖果送给他，说："这是奖给你的，因为你按时来到这里，而我却迟到了。"男生接过糖果。随后陶行知高兴地又掏出第二颗糖果放到他的手里，说："这是奖励你的，因为我不让你打人时，你立即住手了，这说明你很尊重我，我应该奖励你。"男生惊讶地看着陶行知。这时陶行知又掏出第三颗糖果塞到男生手里，说："我调查过了，你用泥块砸那些男生，是因为他们欺负女生；你砸他们说明你很正直善良，且有跟坏人作斗争的勇气，应该奖励你啊！"男生感动极了，他流着眼泪后悔地喊道："陶校长，我错了，我砸的不是坏人，而是同学……"陶行知满意地笑了，他随即掏出第四颗糖果递过来，说："为你正确地认识自己的错误，我再奖给你一块糖果，我没有多的糖果了，我们的谈话也可以结束了。"

行百里者半九十

17岁的旭东，在育才已学习多年，他接受陶行知的委派，去重庆育才学校任驻渝办事处主任。临行前，他听说那里有40多人，都要自己照顾生活，还要接待宾客，事多又杂，他打了退堂鼓。

陶行知见旭东进来，立即站起来，用笑声回答了他的敬礼，好像猜出了他要请辞，说："你考虑好了吗？明天就走马上任。"旭东把头摇得像拨浪鼓："我不能去，我无法胜任。"陶行知鼓励他："晓庄学校被封后，小学生自动组织起来，自己当校长、当先生、当工友、当学生，办起一所自动学校，成绩很好。一群小孩子可以不要先生，自己办学校，这不是天大的破天荒？只有传统教育才相信先生万能，小孩子只会吃饭。我相信小孩子有能力，即使不够老练，也可以在做中学。本领是锻炼出来的，努力去干吧！"

旭东有了信心，高兴地去上任了。他熟悉了情况，慢慢地应付自如。有时发生同学不遵守纪律的事，他记着陶行知的话："要严格，不怕得罪人，不做和事佬。"他都照章处理。40天过去了，他成了一个合格的主任。按规定，他的任期已满，学校应派人来接他的班。他等了一天又一天，都不见有人来。他想念育才的老师、同学，他很生气，给陶行知写信，说如三天内再不派人来就自己回去了。

第三天，他打好了行李背包，气鼓鼓地坐在门口等。有人来了，原来陶行知派人送来一封信，拆开一看，是希望他再等一天。待明天他带个人来，三个人当面办了交接再走。信中说："行100里路，前90里不难走，最难走的是最后10里。一件事要做得好不难，但要坚持有个圆满的结束，有始有终就不容易。"旭东记住了这个简而又简的道理，他耐心地等人来，办完移交才愉快地回校去。一个人能否成功，有许多原因，能坚持，不放弃，是其中一个重要原因。胜利在望，往往也是疲惫不堪、难以坚持之时。憋足劲，忍着气，坚定不移地朝目标前进，不到终点绝不停步。这样的人，定能成大业。

精神早餐

凡是在育才学校读过书的人，都不会忘记学校的朝会，这种朝会是陶行知所独创的。他20年代办晓庄师范时，称为"寅会"，在学生做完体操后，用一刻钟左右进行"精神讲话"，每天都讲一件事、一个题目。这个办法一直沿袭下来。育才学校也实行"精神讲话"制度，但内容比晓庄师范时更广泛、更生动。当时的抗日战争、苏德战争、各种社会问题、科学知识、历史知识、医药常识、人物小传等等，都是"精神讲话"的内容，每次一题一事，主题十分鲜明，由师生轮流讲演。朝会时，尚未早餐，同学们把它看成是获得精神食粮的好机会，被称为"精神早餐"。陶行知一有机会，就用这个时间带头讲。他讲过五四运动，讲过抗战形势，讲过印度特大洪水造成的灾难，也朗诵他的诗歌新作，动员学生开荒种地，等等。同学们讲的题目也很多，如蒙古革命家乔巴山、科学家居里夫人、文学家高尔基等。它像涓涓流水，汇成知识海洋，开阔了学生的视野，丰富了师生的知识，启迪了学生的思想，锻炼了学生讲演的才能。

生活教育理论

陶行知是我国现代教育史上一位伟大的人民教育家。他从中国国情出发，提出了彻底改造中国的旧传统教育的口号，并在不断的探索和实践中，创立了崭新的教育学说——生活教育理论，即"生活即教育""社会即学校""教学做合一"主张。

生活即教育

"生活即教育"是陶行知生活教育理论的核心。在陶行知看来,教育和生活是同一过程,教育含于生活之中,教育必须和生活结合才能发生作用,他主张把教育与生活完全熔于一炉。"生活即教育"的核心内容是"过什么生活便是受什么教育"。陶行知认为,人们在社会上生活不同,因而所受的教育也不同,"过好的生活,便是受好的教育;过坏的生活,便是受坏的教育,过有目的的生活,便是受有目的的教育"。他还指出:"生活教育与生俱来,与生同去。出世便是破蒙;进棺材才算毕业。"可见,陶行知所说的"教育"是指终生教育,它以"生活"为前提,不与实际生活相结合的教育就不是真正的教育。他坚决反对没有"生活做中心"的死教育、死学校、死书本。

陶行知认为,"生活主义包含万状,凡人生一切所需皆属之"。"生活"不是人们通常狭义的理解,而是"包含广泛意味的生活实践的

意思"。"生活"是包括整个自然界和人类社会生活的总体，是人类一切实践活动的总称。"生活即教育"就其本质而言，是生活决定教育，教育改造生活。具体讲，教育的目的、内容、原则、方法均由生活决定；教育要通过生活来进行；整个的生活要有整个的教育；生活是发展的，教育也应随时代的前进而不断发展。教育改造生活是指教育不是被动地由生活制约，而是对生活有能动的促进作用。生活教育的实质体现了生活与教育的辩证关系。陶行知认为："在一般的生活里，找出教育的特殊意义，发挥出教育的特殊力量。同时要在特殊的教育里，找出一般的生活联系，展开对一般生活的普遍而深刻的影响。把教育推广到生活所包括的领域，使生活提高到教育所瞄准的水平。"

社会即学校

"社会即学校"来源于杜威的"学校即社会"，是在对杜威教育思想批判的基础上得出的。陶行知认为，在"学校即社会"的主张下，学校里的东西太少，不如反过来主张"社会即学校"，教育的材料，教育的方法，教育的工具，教育的环境，都可以大大地增加或改善，学生、先生也可以多起来。"社会即学校"是与"生活即教育"紧密相连的，是"生活即教育"同一意义的不同说明，也是它的逻辑延伸与保证。因为生活教育的"生活"是社会生活，所以"整个社会的运动，就是教育的范围，不消谈什么联络而它的血脉是自然相通的"。

"社会即学校"的根本思想是反对脱离生活、脱离人民大众的"小众教育"，主张用社会各方面的力量，打通学校和社会的联系，创办人民所需要的学校，培养社会所需要的人才。真正把学校放到社会里去办，使学校与社会息息相关，使学校成为社会生活所必需。因此"社会即学校"的真正含义就是根据社会需要办学校。从教育内容说，人民需要什么生活就办什么教育；从教育形式来说，适宜什么形式的学校就办什么形式的学校。"社会即学校"不是学校消亡论，而是学校改造论，改造旧学校以适应社会发展的需要。

教学做合一

这是生活教育理论的教学论。用陶行知的话说，"教学做合一"是生活现象之说明，即教育现象之说明，在生活里，对事说是做，对己之长进说是学，对人之影响说是教，教学做只是一种生活之三方面，不是三个各不相谋的过程。"教学做是一件事，不是三件事。我们要在做上教，在做上学。"他用种田为例，指出种田这件事，是要在田里做的，便须在田里学，在田里教。在陶行知看来，"教学做合一"是生活法，也是教育法，它的含义是教的方法根据学的方法，学的方法要根据做的方法，"事怎样做便怎样学，怎样学便怎样教。教而不做，不能算是教；学而不做，不能算是学。教与学都以做为中心"。由此他特别强调要亲自在"做"的活动中获得知识。

值得指出的是："教学做合一"的"做"与杜威"从做中学"的"做"是有区别的。首先，陶行知所说的"做"是指"劳力上劳心"，反对劳力与劳心脱节。其次这个"做"亦是"行是知之始"的"行"。陶行知指出："教学做合一既以做为中心，便自然而然地把阳明东原的见解颠倒过来，成为'行是知之始'，'重知必先重行'"。他认为"有行的勇气才有知的收获"。可见陶行知的"做"是建立在"行"的基础上，是以"行"求知，强调"行"是获得知识的源泉。这些见解在认识论上具有唯物主义因素，因而"教学做合一"和主观唯心主义的"从做中学"就有了区别。但是陶行知所说的"行"与我们所讲的实践还不同，他所说的"行"还只是个人狭隘的琐碎的活动。

陶行知特别重视生活教育的作用，他把生活教育当做改造中国教育、社会的唯一出路。在陶行知看来，有了生活教育就能打破"死读书、读死书、读书死"的传统旧教育；有了生活教育，就能"随手抓来都是学问，都是本领"，接受了生活教育就能"增加自己的知识，增加自己的力量，增加自己的信仰"。陶行知不把生活教育当做衡量教育、学校、书本甚至一切的标准。他说："没有生活做中心的教育是死教育。没有生活做中心的学校是死学校。没有生活做中心的书本是死书本。在死教育、死学校、死书本里鬼混的人是死人。"生活教育理论在反传统的旧教育上具有一定的积极意义，它揭露并批评了旧教育存在的问题，同时提出了解决问题的具体办法，在当时的历史条件下，对普及识字教育、扫除文盲，在很多方面是适应的。如陶行知提出"教学做合一"，要求"教"与"学"同"做"结合起来，同实际的生活活动结合起来，这对教师就有了新的要求。要求教师尊重学生，注意教学之外的生活，指导学生在实际的活动中学好本领，培养他们的生活能力。从这个意义上讲，对当时的教学方法的改革有积极作用，对我们当代的教学方式也有启发之处。

陶行知纪念馆

陶行知出生于1891年，是著名的教育家、思想家，伟大的民主主义战士。20世纪80年代，为了纪念人民教育家陶行知，安徽、南京、上海三地先后修建了陶行知纪念馆。而被中宣部评为全国爱国主义教育基地的，是位于安徽黄山歙县的陶行知纪念馆。

纪念馆最早由崇一学堂改建，这里是陶行知幼年读书的地方，其中陈列着陶行知遗物和著名遗联"捧着一颗心来，不带半根草去"。

陶行知纪念馆占地面积1700平方米，建筑面积3600平方米，设计为仿徽派建筑。纪念馆建成于1984年，由瞻仰厅、放映厅、

书画厅和5个大展厅组成。纪念馆设有东西两侧大门，馆名分别由胡耀邦、胡厥文（曾任中华职业教育社理事长）题写。1997年，陶行知纪念馆被中共中央宣传部公布为第一批全国爱国主义教育示范基地。

进入纪念馆的大门，首先映入眼帘的是瞻仰厅。走进厅内，面前是一扇大屏风，有陶行知亲笔题写的"爱满天下"四个大字。屏风背面是江泽民的题词："学习陶行知教育思想，促进教育改革。"厅堂上方是宋庆龄亲笔题写的"万世师表"匾额，正面为毛泽东题写的"伟大的人民教育家陶行知先生"金色大字，潇洒飘逸，刚劲有力，是一代领袖毛泽东同志对陶行知先生的誉称。正中翠柏苍松掩映着陶行知的半身像。前面两根献柱上镌刻的是郭沫若手书的陶行知遗教："千教万教教人求真，千学万学学做真人。"两边书屏雕刻着陶行知的名言。

2.6米高的陶行知雕像屹立厅堂中央，展现了这位伟大的人民教育家的高大形象。厅堂上方是宋庆龄亲笔题写的"万世师表"匾额。正面为毛泽东题写的"伟大的人民教育家"一行鎏金大字。

绕过厅堂拾级而上是放映厅，陶行知生平事迹录像在放映厅中循环播放。

向北穿过侧门就进入了展览厅。全馆共分5个展厅。第一个展厅在楼下，二、三展厅在楼上。3个展厅分7个时期展示陶行知光辉的一生：出生于农村清寒家庭；留美归来后站在五四运动前列；任《新教育》杂志主编和中华教育改进社总干事，推进平民教育；最早注意乡村教育；创立以"生活即教育""社会即学校""教学做合一""小先生制"和以教育改善人民生活为核心的教育理论，成为新教育运动的旗手；积极支持新安小学组成"新安旅行团"走遍全国进行抗日教育的宣传；积极投入反内战反饥饿争民主的运动。

还有一个特殊展厅，那就是第四展厅，是陶行知在崇一学堂读书时的宿舍。当年陶行知就是在那间宿舍的墙壁上写下了"我是一个中国人，要为中国做出一些贡献"的豪言壮语，现在这个展厅保持着当年的风貌。第五展厅为书画厅，陈设了陶行知的大量书籍、文稿和书画作品等。

第二章 鲁迅：文化运动的主将

鲁迅是20世纪中国的主要作家，是中国现代小说、文学的奠基人之一，新文化运动的领导人、左翼文化运动的支持者。毛泽东评价他是伟大的无产阶级文学家、思想家、革命家，是中国文化革命的主将。为了纪念鲁迅，共建立有6个鲁迅纪念馆，分布在绍兴、南京、厦门、广州、北京和上海。其中，绍兴鲁迅故居及纪念馆被中宣部评为首批爱国主义教育基地，上海鲁迅纪念馆被中宣部评为第二批全国爱国主义教育示范基地。

出身望族，家运衰

鲁迅原名周树人，鲁迅是其笔名，字豫山、豫亭，后改名为豫才。鲁迅于1881年出生在浙江绍兴一个官僚地主的家庭里。在绍兴，周家算得上一门望族，做官经商且不说，单是人丁的繁衍，就相当可观,到鲁迅出世的时候,周家已经分居三处,彼此照应,俨然是大户了。鲁迅的祖父周介孚,出身翰林,做过江西一个县的知县老爷,后来又到北京当上内阁中书,成为标准的京官。绍兴城并不大,像周介孚这样既是翰林,又是京官的人,自然能赢得一般市民的敬畏。周家门上那钦点"翰林"的横匾,宣告了周家的特殊地位。周家有四五十亩水田可以收租,维持日常生计绰

绰有余。童年的鲁迅,就是在这样安静的家庭环境里,无忧无虑地成长起来。家里雇了一个被他称为"长妈妈"的保姆,专门照料他的生活。

  周家是讲究读书的,那种书香人家的气氛,自然相当浓厚,鲁迅家中有两只大书箱,从《十三经注疏》和《二十四史》,到《王阳明全集》和章学诚的《文史通义》,从《古文析义》和《唐诗叩弹集》,到科举专用的《经策统纂》,甚至《三国演义》和《封神榜》那样的小说,都应有尽有,不但自己家里有书,众多亲戚本家中,不少人也藏书甚丰,而且不单是那些枯燥难懂的正经书,更有许多令小孩子非常喜欢的好玩的书,从画着插图的《花镜》,到描写少男少女的《红楼梦》,内容可谓丰富多彩。

  中国是个讲究父权的国家,父母都将子女认为私产,但鲁迅比较幸运。周介孚虽然脾气暴躁,有时候打骂孩子,但在教读书这件事上,却显得相当开明。那时一般人家的孩子,开蒙总是直接就读四书五经,非常枯燥乏味。周介孚却没有这样做,他让鲁迅先读历史,

031

从《鉴略》开始,然后是《诗经》,接着是《西游记》,都是选小孩子比较感兴趣的书。即使读唐诗,也是先选白居易那些比较浅直的诗,然后再读李白和杜甫,这就大大减轻了鲁迅开蒙的苦闷。

祖母特别疼爱鲁迅,每当夏天的夜晚,总是让鲁迅躺在大桂树下的小板桌上,摇着芭蕉扇,在习习的凉风中给他讲故事,什么猫是老虎的师父啦,什么许仙救白蛇啦,鲁迅直到晚年,还清楚地记得当时的情景。

鲁迅的父亲周伯宜,神态一本正经,却比祖父更为温和。他家教虽严,却从不打小孩子。鲁迅在《朝花夕拾》的那一篇《五猖会》中,提到父亲在他快乐的时刻逼他去背书。可实际上,周伯宜平时对儿子们的读书,监督得并不严。在日常管教上,也很宽容。有一次鲁迅和弟弟偷偷买回来一本《花经》,被周伯宜发现了,他们心里很害怕,因为这是属于闲书,一般人家都不允许小孩子看,这下书肯定会被没收的。谁料周伯宜翻了几页,又还给了他们。他们喜出望外,从此放心大胆地买闲书,不再提心吊胆的。

至于母亲鲁瑞,对他的挚爱就更不必说了,几个孩子当中,她最喜欢的就是鲁迅。母亲是绍兴乡下安桥头人,那里靠近海边。鲁迅小时候,常常随着母亲到外婆家去。《呐喊》中有一篇《社戏》,写的正是当年到外婆家同乡下小朋友一道划船、看戏、煮罗汉豆的情景。这种和农村的接触给了鲁迅很深的影响。后来,他说:"我生长于都市的大家庭里,从小就受着古书和师傅的教训,所以也看得劳苦大众和花鸟一样。有时感到所谓上流社会的虚伪和腐败时,我还羡慕他们的安乐。但我母亲的母家是农村,使我能够间或和许多农民相亲近,逐渐知道他们是毕生受着压迫,很多苦痛,和花鸟并不一样了。"鲁迅少年时期目睹的这些"所谓上流社会的堕落和下层社会的不幸",后来成为他进行小说创作的重要源泉。

少年鲁迅还有一个来自农村的好朋友——章运水,他的父亲章福庆常来周家帮工。那一年周家有大祭祀,他父亲就叫他来帮着照管祭器。章运水初到城里大户人家显得怯生生的,只是不怕鲁迅,才半天他们就熟识了。章运水给鲁迅讲海边的贝壳、地里的西瓜,以及他怎样在月亮底下捏着胡叉守瓜,驱赶来咬瓜的獾猪、刺猬、猹等,他后来成为鲁迅小说《故乡》中闰土的原型。

1892年冬天,鲁迅被送到三味书屋读书。教师寿怀鉴是本城中极方正、质朴、博学的人。鲁迅在这里断断续续读了好几年,从《论语》《孟子》到《周礼》《尔雅》,几乎读遍了十三经。在这些年中,除了为猎取功名所必读的经书之外,鲁迅还以极大的兴趣阅读了不少野史和杂集。在年龄相近的人中,他可以算是读书很多的一个。

在少年鲁迅读过的书中,也有使他十分反感的书,那就是他在11岁的时候得到的《二十四孝图》。这书说的是中国历史上或者传说中二十四个著名孝子的事迹,借以宣扬封建主义的道德观念。他们的所谓"孝行",其实大都是不近人情的荒诞行为。鲁迅完全不能相信孝子的哭泣能够使竹笋忽然生长起来,也不能相信鲤鱼会自动穿越冰冻的水面,投入孝子的怀中。贫困的郭巨为了供养母亲就活埋掉儿子的残忍行为,更使少年鲁迅产生了一种恐怖的感觉。他

想：家境正在坏下去，常听到父母愁柴米；祖母又老了，倘使我的父亲学了郭巨，那么，该埋的不正是我吗？30多年之后鲁迅回忆童年生活，还专门写了一篇《二十四孝图》来表示自己对这书的憎恶。

　　这种平静的童年生活维持了13年，1893年秋，周家遇到了一场突如其来的暴风雨，古老的牧歌式的宁静生活骤然结束。这场滔天大祸是祖父闯下来的。那年乡试，由于他和浙江的主考相识，几个亲戚朋友凑了一笔巨款，想通过他去买通关节。事情暴露后，周介孚知道自己不能躲藏，就去投案。经办这一案件的官员也许有点官官相护的意思，想要含糊了事，说犯人素有神经病，照例可以免罪。可周介孚却在公堂上振振有词，说自己并不是神经病，并力陈某科某人，都通关节中了举人，相比之下，自己这样做并不算什么。这样一来，事情弄得不可开交，只好依法办理，由浙江省主办，呈报刑部，请旨处分。刑部拟定的处理意见是"杖一百，流三千里"。可光绪皇帝认为这样处理太轻了，决定"改为斩监候，秋后处决，以肃法纪，而儆效尤"。

　　斩监候，又称"斩候决"。明清时代刑律谓将判处斩刑的犯人暂时监禁，候秋审、朝审后再决定是否执行。这一制度就是现在的死刑缓期执行制度，简称死缓。自此，周家每年必须花费大笔礼金，使周介孚得以活命，于是家道开始衰落，同时其父亲周伯宜也因水肿重病在床，1896年病故。家庭的变故对少年鲁迅产生了深刻的影响。他是家庭的长子，上有孤弱的母亲，下有幼弱的弟妹，他不得不同母亲一起承担起生活的重担。天真活泼的童年生活就这样结束了，他过早地体验到了人生的艰难和世情的冷暖。他经常拿着医生为父亲开的药方到药店去取药，拿着东西到当铺去变卖。在家境好的时候，周围人是用一种羡慕的眼光看待他这个小"公子哥儿"的，话语里包含着亲切，眼光里流露着温存。自他家变穷了，周围人的态度就都变了：话语是凉凉的，眼光是冷冷的，脸上带着鄙夷的神情。

周围人这种态度的变化，在鲁迅心灵中留下了深刻的印象，对他的心灵的打击很大，这使他感到在当时的中国，人与人之间缺少真诚的同情和爱心，人们是用"势利眼"看人待物的。多年以后，鲁迅还非常沉痛地说："有谁从小康人家而坠入困顿的么，我以为在这途路中，大概可以看见世人的真面目。"

鲁迅的童年与少年，就是一个从天上到人间的跌落过程。对此鲁迅自述曰："我幼小时候，家里还有四五十亩水田，并不很愁生计。但到我十三岁时，我家忽而遭了一场很大的变故，几乎什么也没有了；我寄住在一个亲戚家，有时还被称为乞食者。我于是决心回家，而我的父亲又生了重病，约有一年多，死去了。"

在当时，一般的读书人走的是三条道路：一条是读书做官的道路。当不上官的还可以去当某一个官僚的"幕友"，假若前两条道路都走不通，还可以去经商。鲁迅走的则是为当时人最看不起的另一条道路：进"洋学堂"。这在当时的中国，是被一般人视为"把灵魂卖给洋鬼子"的下贱勾当的。

正好有一位远房的叔祖父周庆蕃在南京江南水师学堂教汉文，兼任管轮堂监督，他提议鲁迅来这里学习，不但不收学费，还供给食宿。鲁迅决定到南京去。母亲给他筹措了八元川资。于是，鲁迅离开了家，离开了家乡，走向了一个完全陌生的世界。

弃医从文

1898年5月，鲁迅进入江南水师学堂机关科学习。

这时，正值资产阶级改良主义维新运动进入高潮。甲午战争的失败使越来越多的人认识到，封建专制主义和清王朝的腐败统治已经把中国拖到了绝路，列强的侵略更加深了民族的危机。在这危急存亡之秋，只有维新才能救国。因此，康有为、梁启超等人所倡导的变法维新运动得到了越来越多的拥护者。几年之间，由于康有为及其拥护者的活动，在北京和其他各地，出现过许多学会：强学会、保国会、南学会等等。办起了许多宣传变法维新的报刊：《中外纪闻》《强学报》《国闻报》等等，其中尤以梁启超主编的《时务报》影响最大。这些报刊大力宣扬自由、平等、民权、立宪、议院等西方资产阶级的东西，实际上是对封建主义上层建筑的批判。封建的君主专制制度和官僚制度、封建的纲常名教观念，都面临有力的挑战。

在江南水师学堂里，功课还算简单，除了念一些经书之外，鲁迅第一次学习了外语，一星期里几乎有四整天是读英文。比起这些功课来，鲁迅对那些宣传维新的新书刊更加感兴趣。那时，严复翻译的《天演论》刚刚出版，这是维新派的重要思想武器。《天演论》是介绍达尔文的进化论学说的一部著作，宣扬物竞天择、优胜劣败，这使鲁迅认识到现实世界并不是和谐完美的，而是充满了激烈的竞争。一个人，一个民族，要想生存，要想发展，就要有自立、自主、自强的精神，不能甘受命运的摆布，不能任凭强者的欺凌。鲁迅深

深被这本书吸引住了，他不只接受了书中所宣扬的进化论思想，而且许多年之后还能够背诵这个译本的许多段落。那时，林纾（琴南）这个不懂外文的翻译家，也在别人的帮助下致力于外国文学作品的介绍，鲁迅对他翻译的《说部丛书》也很有兴趣，从这里最初接触到了外国文学。

鲁迅到南京才一个多月，6月11日，光绪皇帝发布《定国是诏》，提出要"变法自强"。接着陆续发出大量"行新政"的诏书，在政治、经济、军事、文教等方面实行一系列改革。可是守旧势力在慈禧太后的支持下，处处阻挠变法。9月21日，慈禧太后发动政变，囚禁了光绪皇帝，处死了谭嗣同等六君子。"百日维新"虽然遭到了扼杀，但它传播了西方的社会学说和自然科学知识，批判了传统的封建思想，增进了人们对国家命运的关心，并且使相当数量的知识分子政治化了，其中不少人后来在辛亥革命中崭露头角。这一运动也是一次思想启蒙运动，还是有它多方面的积极影响的。鲁迅在初到南京的这几个月间，就受到当时维新派宣传的影响。谭嗣同所著的《仁学》，他就曾经读过。

周庆蕃是一个思想守旧的人，他认为封建主义的伦理原则天经地义，是不可动摇的，不赞成任何改革，认为康有为、梁启超主张变法维新就是图谋不轨。而鲁迅却总是找新书刊来读，谈吐之间也显然受了新党的影响，这引起了周庆蕃的反感和干涉。鲁迅对此十分反感，加上这学堂里稀奇古怪的规矩多，甚至大堂上还有军令，可以将学生杀头，于是鲁迅决定待一个学期完结就转学。

第二年初，鲁迅考入了江南陆师学堂附设的矿路学堂。在这里

开设有格致、地学和金石学，即现在的物理学、化学、地质学和矿物学。外语不学英语，改学德语。

转过年，颇有一些维新思想的俞明震接任学堂的总办，他喜欢看新的书刊，也鼓励学生看，学堂里特地设立了一个阅报处，订了不少宣传维新的报刊供学生阅览，这样鲁迅就有机会更广泛地接触到新的书刊。

在矿路学堂，鲁迅曾经到南京附近的青龙山煤矿里参加过一次生产实习。这里的凄凉场景让他震惊：抽水机在转动，矿井里的积水却有半尺深，上面的渗水还在点滴而下，几个矿工就是在这样的环境里像鬼一样地劳动着。

后来，鲁迅回忆说："清光绪中，曾有康有为者变过法，不成，作为反动，是义和团起事，而八国联军遂入京，这年代很容易记，是恰在一千九百年，十九世纪的结末。于是满清官民，又要维新了，维新有老谱，照例是派官出洋去考察，和派学生出洋去留学。我便是那时被两江总督派赴日本的人们之中的一个。"

1902年1月，鲁迅在矿路学堂毕业。他作为一名官费留学生，同另外4名矿路学堂毕业的官费留学生一道，于这年3月24日启程，乘船离开南京，取道上海前去日本。

1902年4月4日，鲁迅到了日本横滨，踏上了异国的土地。

他们进了弘文学院，这是一所专门为中国留学生设立的学习日语和基础课的预备学校，鲁迅分在江南班学习。

凡留学生一到日本，急于寻求的大都是新知识。除学习日文、准备进专门的学校之外，就赴会馆，跑书店，往集会，听讲演。鲁迅刚到日本没几天，就正好赶上了留学界的一次重要活动。1902年4月26日（农历三月十九日）是明朝崇祯皇帝的忌日，在东京的中国革命家章炳麟、秦鼎彝等人在这一天发起"支那亡国二百四十二年纪念会"。章太炎为集会起草了一篇慷慨激昂的宣言，说明只有推翻清政权才能抗御列强的侵略。但由于清廷驻日公使请求日本政府制止，集会没能开成。

留学生在国外，感到最难看的就是头上的辫子，这常被外国人鄙夷地叫做"猪尾巴"。鲁迅到日本不久就剪掉了辫子，一半送给客店里的使女做了假发，一半给了理发店。剪掉辫子后，鲁迅还特

地照了一张相片寄回家去。

日本从1868年开始了历史上称作"明治维新"的现代化过程，大规模地学习西方的科学技术，迅速成为亚洲强国。鲁迅从一个停滞的、几乎凝固的社会里突然来到一群进取的人们中间，这种强烈对比，使他更加痛感到祖国面临危机的深刻程度。回顾在封建专制的桎梏下呻吟的祖国，他无法摆脱对祖国的忧思。在这种心情之下，他写了一首诗：

灵台无计逃神矢，风雨如磐黯故园。
寄意寒星荃不察，我以我血荐轩辕。

他把这首诗题在自己的照片上送给了同在日本留学的好友许寿裳。

东京离中国很近，又没有清政权的直接压力，许多革命家都跑到这里来活动。后来被孙中山以中华民国临时大总统名义追赠为大将军的邹容、辛亥革命中和孙中山齐名的黄兴，当时都在这里，鲁迅都见到过。后来他在文章里记下了对他们的印象。当时在这里活动的还有戊戌政变后亡命日本的梁启超，他在出版《清议报》《新小说》《新民丛报》等刊物，鲁迅当时经常阅读这些刊物。

那时，鲁迅的官费每月才二十六元，交付衣食学费之外，简直没有剩余。尽管这样，他还是节衣缩食把自己喜爱的书买下来。

1902年秋天，浙江籍的留学生成立同乡会，翌年初，出版《浙江潮》月刊。刊物的名称象征着革命潮流的汹涌澎湃。蒋百里在发刊词中写道："忍将冷眼，睹亡国于生前；剩有雄魂，发大声于海上。"

1903年4月，东京报纸揭露了沙皇俄国决意吞并中国东北三省的阴谋。留学生界同仇敌忾，立即爆发了拒俄运动，成立了"拒俄义勇队""军国民教育会"等组织。6月，鲁迅在《浙江潮》上发表了《斯巴达之魂》一文,文章以斯巴达王黎河尼佗率军扼守温泉门与入侵的波斯军血战为背景,写了一个斯巴达武士和他的妻子的故事,文章波澜起伏,曲折动人。这是鲁迅第一篇排印发表的文章,是他文学活动的起点。爱国的激情使他以笔作为武器,激励同胞卫国御侮的决心。

接着,鲁迅在《浙江潮》上发表《说鈤》和《中国地质略论》两篇文章。《说鈤》是对刚被发现不久的新元素"镭"(当时译为"鈤")

的最新的介绍。《中国地质略论》简要介绍了地质学的基础知识，介绍了当时所知的中国煤矿的分布情况。文章强调指出，列强觊觎中国的丰富矿产，慢藏诲盗，以致外患频仍。同时，鲁迅提出了解救的办法：自己开发矿业，"结合大群起而兴业"。通篇文章洋溢着真挚热烈的爱国感情。

在弘文学院学了两年，鲁迅结业了。1904年9月，鲁迅离开东京前往仙台，进了医学专门学校。他选择医学的一个重要原因，是从译出的历史上，知道日本维新是大半发端于西方医学的事实。后来他回忆说："我的梦很美满，预备卒业回来，救治像我父亲似的被误的病人的疾苦，战争时候便去当军医，一面又促进了国人对于维新的信仰。"

仙台在东京东北，当时是一个不大的市镇。鲁迅是第一个到那里的中国留学生，因此颇受优待。甚至学费也免收，他就拿这钱去买了一只表。

在众多的教师中间，鲁迅最敬爱、最难忘的是教骨科的藤野严九郎。他每个星期都叫鲁迅把听课的笔记送给

042 现代文化名人

自己检查，不仅帮鲁迅把许多脱漏的地方增补起来，改正解剖图的错误，甚至连语法的错误也都一一订正。他极希望鲁迅成为一个好的医生，希望鲁迅把新的医学带回中国去。他常常把鲁迅叫去，了解学习中的困难，进行个别辅导。后来鲁迅专门写了一篇回忆他的文章，满怀敬意地说："在我历认为我师的当中，他是最使我感激，给我鼓励的一个。"

鲁迅在仙台医学专门学校第一学年的成绩：解剖学59.3分、组织学73.7分、生理学63.3分、伦理学83分、德语60分、物理60分、化学60分，平均65.5分，他成绩不算优异，但也没有"落第"，在全年级142人中名列第68名。分数最低的一门是藤野先生授课的解剖学59.3分，可见藤野先生即使是对于自己特别关照的学生同样是要求严格。

但就是成绩单上的解剖学59.3分却让当时的鲁迅深受打击。59.3分，这个还没有及格的成绩，却成了同学们怀疑的对象。在其他同学的眼中，这个来自落后中国的学生根本不可能凭借自己的能力考取这样的分数，一定是老师藤野严九郎泄露了考题给他。他们借故检查鲁迅的笔记，制造流言蜚语，还写匿名信骂他。面对同学的质疑，鲁迅痛苦地发现，身为一个弱国子民就连学习成绩都要受到无端的质疑。他恨恨地说："中国是弱国，所以中国人当然是低能儿，分数在六十分以上，便不是自己的能力了，也无怪他们疑惑。"

更大的屈辱还在后面。在一堂细菌学课上，教师已经讲完但还没到下课时间，便用幻灯放了几段片子，片子是日俄战争的时候，日军抓了一个中国人要处决，说他做了俄国间谍，刑场四周有很多身强力壮的中国人正津津有味地围观被处死的同胞。围观者脸上的麻木和冷漠狠狠地刺痛了鲁迅的心，使他明白了精神不健全的国人，无论体格如何健全，"也只能做毫无意义的示众的材料和看客。病死多少是不必以为不幸的。所以我们的第一要著，是在改变他们的精神，而善于改变精神的是，我那时以为当然要推文艺，于是想提倡文艺运动了"。为了改变国人的精神，鲁迅决心弃医从文，走上救国救民的文学道路。

第二学年的终结，鲁迅便告诉藤野先生将不学医学，并离开仙台。藤野先生听后，有点悲哀。为了安慰他，鲁迅说了一个谎话：要去学生物学，先生交给我的学问，还是有用的。藤野先生听后叹息着说：为了医学而教的解剖学之类，怕于生物学也没有什么帮助。

在鲁迅将走的前几天，藤野先生把鲁迅叫到自己的家里去，交给他一张照片，后面写着两个字"惜别"。后来，这张照片长期挂在鲁迅在北京的工作室里。

1906年3月底至4月初，鲁迅办好了退学手续，离开了仙台，到了东京，打算开始文学活动。鲁迅翻译外国文学作品，筹办文学杂志，发表文章，从事文学活动。在当时，他与朋友们讨论最多的是关于中国国民性的问题：怎样才是理想的人性？中国国民性中最缺乏的是什么？它的病根何在？通过这种思考，鲁迅把个人的人生体验同整个中华民族的命运联系起来，奠定了他后来作为一个文学家、思想家的基本思想基础。

在留学日本期间，鲁迅初步形成了他的世界观和人生观，但是，鲁迅的思想和感情不但为当时大多数的中国人所无法理解，就是在留日学生中也很难得到广泛的响应。他翻译的外国小说只能卖出几十册，他筹办的文学杂志也因缺乏资金而未能出版。1909年夏，因为家境困难，母亲和弟弟需要供养，鲁迅告别了留学7年的日本归国。

从沉默到呐喊

1909年，鲁迅从日本归国，先后在杭州浙江两级师范学堂（今杭州高级中学）和绍兴府中学堂任教员。这个时期，是鲁迅思想极其苦闷的时期。1911年的辛亥革命也曾使他感到一时的振奋，但接着是袁世凯称帝、张勋复辟等历史丑剧的不断上演，辛亥革命并没有改变中国沉滞落后的现实，社会的昏乱、民族的灾难、个人婚姻生活的不幸，都使鲁迅感到苦闷、压抑。

1912年1月1日，中华民国宣告成立，孙中山在南京宣誓就任中华民国临时大总统。3日，成立中华民国临时政府，蔡元培任教育总长。经许寿裳的推荐，蔡元培邀请鲁迅到教育部工作。这个新政府包含了不少同盟会的革命分子，一时显出了一点开国之初的兴旺景象。在这样的条件下，鲁迅积极参加了教育部的创建工作。闲暇之余，他去图书馆借抄了很多古籍。

然而，这样的局面并没有维持多长时间。起义的民军既没有力量也没有决心去彻底摧毁旧政权及其武装力量，幻想通过妥协来维持已取得的"胜利"。孙中山表示：只要袁世凯宣布赞成共和，他即辞去临时总统职务，并建议临时参议院推举袁世凯继任。1912年2月11日，清朝隆裕太后决定清帝下诏退位。同日，袁世凯在电报中表示：承认"共和为最良国体"，"永不使君主政体再行于中国"。次日，退位诏书正式颁发。14日，孙中山向临时参议院提出辞职。15日，临时参议院根据孙中山的推举选举袁世凯

045

为临时大总统,并电请他即日来南京就职。袁世凯的势力范围在北京,如果到南京就职,势力势必会遭到牵制。于是,袁世凯纵容部下制造混乱,造成他不能离开北京的口实。3月10日,袁世凯在北京宣誓就任临时大总统。4月1日,孙中山正式宣布解除临时大总统职务,临时政府迁往北京。

鲁迅随教育部迁往北京,被任命为教育部佥事、社会教育司第一科科长,主管图书馆、博物馆、美术馆等事宜。从他当时的日记中可以看到:他曾经到天津去考察新剧,曾去选择开辟公园的地址,曾去视察国子监及学宫的古文物,曾主持筹备全国儿童艺术展览会,曾参与筹建图书馆的工作,还一连好几个星期到夏期讲演会去演说美术略论。

当时的教育部是个很清闲的衙门,经常的事务不多,职员们每天来上班,常常只是喝茶、吸烟、谈天、看报。鲁迅不愿让时间白白过去,他利用这些时间做了许多有益的工作:辑校古籍,搜集和研究金石拓本、造像和墓志的拓本、古砖、古钱等等,他以为可以通过这些古文物来认识古代人民的生活。

鲁迅到北京不久,就得到了范爱农淹死的噩耗,使他觉得很悲哀。范爱农是清末光复会成员,1905年冬随徐锡麟夫妇赴日留学。当时正在日本留学的鲁迅前往横滨迎接,两人就此相识,官吏检查范爱农等人的行李时翻出给师母带的绣花的弓鞋,鲁迅看到后嗤之以鼻,范爱农等人在火车上互相让座,鲁迅又看不过去,范爱农从此对鲁迅不满。1907年日本留学生们接到安徽巡抚恩铭被刺杀、范爱农的老师徐锡麟被杀的消息，举办同乡会时范爱农反对鲁迅等人主张发电回国的想法，专门跟鲁迅作对，并从此一直与鲁迅作对。后来范爱农由于没钱上学，受到轻蔑、排斥和迫害，只得在乡下教几个小学生糊口。后来两人再次相遇，范爱农解释了为何当年与鲁迅作对，向鲁迅表示歉意，两人冰释前嫌成为好友。绍兴光复后范爱农十分高兴，来找鲁迅去绍兴，鲁迅当了师范学校的校长，范爱农当监学，工作认真勤奋。报馆案风波后鲁迅去了南京，范爱农失去了工作，失业后陷于穷困之中。一次跟朋友去看戏，坐船回来，在大风雨中不幸落水致命。

范爱农的一生正代表着那时正直的知识分子的际遇和境况。鲁迅写了三首诗悼念这位坎坷一世的亡友，诗中写道："狐狸方去穴，桃偶已登场。故里寒云恶，炎天凛夜长。"这正是当时政治形势的写照：清王朝虽然已经覆灭，取代它的袁世凯却已经登场，风云险恶，

暗夜正长，瞻望前途，来日大难。袁世凯攫取了大权之后，不断采取反动措施，向革命力量进攻。1913年3月20日晚上，他派刺客在上海火车站刺杀了国民党代理理事长宋教仁。7月，孙中山组织了二次革命讨伐袁世凯，但是不久就被袁世凯击败。从此袁世凯也不再掩饰自己的反革命面目，大肆捕杀革命党人。更为严重的是，袁世凯以为依靠血腥的镇压可以取得一切他所希望的东西，妄想做世袭制的开国皇帝，于1915年末公然称帝，改次年为洪宪元年。在他筹备帝制的那几年里，北京的政治空气极其险恶。鲁迅花费许多时间去抄录古碑，一个用意也是为了避免遭到特务的注意，免得惹出麻烦来。

袁世凯的倒行逆施不得人心，在一片反对声中失败了。他本人也在1916年6月病死。但是中国依然在卖国残民的北洋军阀统治之下，各个派系的军阀为了争夺权力和地盘不断混战，中国人民生活在水深火热之中。1917年7月，甚至演出了一出张勋拥清废帝溥仪复辟的闹剧。鲁迅不肯向复辟的皇帝陛下称臣，愤而离职，直到复辟乱平，他才回教育部办公。

那些年真是混乱极了。鲁迅在苦闷中不断沉思。后来，他这样说起当年的心情："见过辛亥革命，见过二次革命，见过袁世凯称帝，张勋复辟，看来看去，就看得怀疑起来，于是失望，颓唐得很了。"

痛苦的沉思使鲁迅又回到"改革国民性"这个老题目上来。不久，他得到了一个机会，可以通过文学活动去促进改造国民性的宿愿了。

　　袁世凯死后,一些因反袁而逃亡国外的人纷纷回国来了,蔡元培也从法国回京担任北京大学校长。他是一位思想开明的学者和教育家,在他的主持之下,北京大学面目一新,成了全国最高的学术中心,弥漫着学术自由的空气。陈独秀在1915年9月创刊《青年杂志》

（第二卷起改名《新青年》），袁世凯死后，刊物的态度变得更为激进，旗帜鲜明地宣传反对封建主义、提倡民主主义的主张。陈独秀被蔡元培邀请来担任北京大学的文科学长，《新青年》杂志的主要成员胡适、钱玄同、李大钊、刘半农、沈尹默、周作人等，也都在北大任教。《新青年》杂志和北京大学一时成了宣传新思想新文化的主要阵地。1917年1月，《新青年》第二卷第五号上发表了胡适的《文学改良刍议》，更为激烈的是，陈独秀在该刊下一号上发表《文学革命论》，正式提出了"文学革命"的口号。

1917年11月7日，俄国取得了伟大的十月社会主义革命的胜利。李大钊在《新青年》杂志上预言："1917年的俄国革命，是二十世纪中世界革命的先声。""试看将来的环球必是赤旗的世界！"

就在1917年末1918年初，鲁迅参加《新青年》杂志的工作了。一个夜晚，钱玄同到绍兴县馆里来访问他。

"你抄了这些有什么用？"钱玄同翻看着鲁迅那古碑的抄本问道。

"没有什么用。"

"那么，你抄它是什么意思呢？"

"没有什么意思。"

"我想，你可以做点文章……"

鲁迅想：他们办的《新青年》，那时仿佛不仅没有人来赞同，并且也还没有人来反对，他们也许是感到寂寞了。

于是说："假如一间铁屋子，是绝无窗户而万难破毁的，里面有许多熟睡的人们，不久都要闷死了，然而是从昏睡入死灭，并不感到就死的悲哀。现在你大嚷起来，惊起了较为清醒的几个人，使这不幸的少数者来受无可挽救的临终的苦楚，你倒以为对得起他们么？"

"然而几个人既然起来，你不能说决没有毁坏这铁屋的希望。"

鲁迅想：是的，说到希望，却是不能抹杀的，因为希望是在于将来，决不能以我之必无的证明，来折服了他之所谓可有。这想头，就给了他捉笔的力量。后来他回忆说："既不是直接对于'文学革命'的热情，又为什么提笔的呢？想起来，大半倒是为了对于热情者们的同感。这些战士，我想，虽在寂寞中，想头是不错的，也来喊几声助助威罢。首先，就是为此。自然，在这中间，也不免夹杂些将旧社会的病根暴露出来，催人留心，设法加以疗治的希望。

1918年5月出版的《新青年》第四卷第五号上，鲁迅发表了他的第一篇用白话文写的短篇小说《狂人日记》，在这篇小说中，第一次使用了"鲁迅"这个署名。

《狂人日记》是中国第一部现代白话文小说，在近代中国的文学历史上是一座里程碑，它开创了中国新文学的革命现实主义传统。

作品的主人公虽然是一个患有迫害狂恐惧症的"狂人"，但作品的主旨却并不是要写下层劳动人民所受到的迫害，更不是一个精神病人的"纪实文学"，而是要借狂人之口来揭露几千年来封建礼教吃人的本质。因此作品中的狂人，实际上是一个象征性的形象。"历史上多少反抗旧传统的、离经叛道的人，曾经被视为疯子，如孙中山，也曾被人叫做疯子。从世俗的眼光看去他是疯子；站在革命的立场看去他是先知先觉。同一个人、同一个思想却在社会上有截然对立的两种看法和评价，这也是变革时代的社会矛盾的反映。鲁迅塑造这具有狂与不狂两重性的形象，就是对社会矛盾的一种揭示。这也是狂人形象本身所具有的深刻含义。掌握狂人形象的关键，就在于对狂人是真狂还是假狂的理解。

在这部作品中，狂人虽然具有迫害狂的精神特征，诸如"今天全没有月光，我知道不妙"，"赵贵翁的眼色便怪：似乎想害我"，"那赵家的狗，何以看我两眼呢？"，等等，但作品的深层意蕴却是有意识地指向几千年的历史和当时社会上的"吃人"现象：从古代的"易子而食"，到"前天狼子村佃户来说吃心肝的事"；从"易牙蒸了他儿子，给桀纣吃"，到徐锡林（即徐锡麟）被炒食心肝。作品内容虽然带有狂人的非逻辑心理特征，但始终围绕着"吃人"，

围绕着中国民族在几千年的历史不断发生的有史可查和无史记载的形形色色的吃人现象，其意图是显而易见的。

作品借主人公的眼睛，观察了他周围的人："他们也有给知县打枷过的，也有给绅士掌过嘴的，也有给衙役占了他妻子的，也有老子、娘被债主逼死的"，然而，他们不但没有起来反抗吃人的人，反倒也要吃人。作者为此感到不解和愤怒："还是历来惯了，不以为非呢？还是丧了良心，明知故犯呢？"作品还写道："我诅咒吃人的人，先从他（即狂人的大哥引者）起头；要劝转吃人的人，也先从他下手。""你们可以改了，从真心改起！你们也会吃尽。"在作品的最后一日记里，作者深切地希望："没有吃过人的孩子，或者还有？"并大声疾呼："救救孩子……"《狂人日记》不仅表现了彻底批判封建礼教的勇气，而且还表现了鲁迅"忧愤深广"的人道主义情怀，表现了他以文艺创作来改造社会和人生的总体精神。从这个意义上来看，《狂人日记》的意义，确实远远超出了文学的领域。

《狂人日记》的创作，是鲁迅在经历了沉默与思索之后的第一声呐喊，其中自然而然地融入了他多年来的愤怒、怨恨、不满、焦虑，以及希望、祈求等各种复杂的情绪，也必然体现了他多年来对中国历史的深思和对现实社会的认识，是一篇彻底的反封建的"宣言"，也是作者此后全部创作的"总序言"。

《狂人日记》的启蒙主义思想特征，主要表现在对封建礼教的深刻揭露，对麻木愚昧的国民性的批判，以及对将来的坚定信念和热烈希望。作者写道："我翻开历史一查，这历史没有年代，歪歪斜斜的每页上都写着'仁义道德'四个字。我横竖睡不着，仔细看了半夜，才从字缝里看出字来，满本都写着两个字是'吃人'！"礼教就是吃人，仁义道德是礼教虚伪的面具，这就是鲁迅对封建道德的定义，是他多年来思考和认识的结果，也是这篇作品最辉煌的成就。

此后，鲁迅"一发而不可收"，压抑已久的思想感情像熔岩一样通过文学作品猛烈喷发出来，他创作了许多小说和大量杂文、随笔、评论，成为五四新文化运动的先驱和中国现代文学的奠基人。

用文字唤醒国人

鲁迅一生写下了1000多万字的著译，其中著作600万字，辑校和书信400万字。《呐喊》《彷徨》《野草》《朝花夕拾》等许多作品集一版再版，被翻译成英、俄、德、法、日等多种文字，享誉全球。鲁迅写过一首《自嘲》诗，其中两句为"横眉冷对千夫指，俯首甘为孺子牛"，这是他一生的真实写照。

鲁迅的小说作品数量虽不多，意义却十分重大。他把目光集中到社会最底层，描写这些底层人民的日常生活状况和精神状况。这是与鲁迅的创作目的分不开的。鲁迅说："我的取材，多采自病态社会的不幸的人们中，意思是在揭出病苦，引起疗救的注意。"这种表现人生、改良人生的创作目的，使他描写的主要是孔乙己、华老栓、单四嫂子、阿Q、陈士成、祥林嫂、爱姑这样一些最普通人的最普通的悲剧命运。这些人生活在社会的最底层，最需要周围人的同情和怜悯、关心和爱护，但在缺乏真诚爱心的当时的中国社会中，人们给予他们的却是侮辱和歧视、冷漠和冷酷。这样的社会难道是一个正常的社会吗？这样的人际关系难道是合理的人际关系吗？最令我们痛心的是，他们生活在无爱的人间，深受生活的折磨，但他们彼此之间也缺乏真诚的同情，对自己同类的悲剧命运采取的是一种冷漠旁观甚至欣赏的态度，并通过欺侮比自己更弱小的人来宣泄自己受压迫、受欺侮时郁积的怨愤之气。在《孔乙己》里，有恶意嘲弄孔乙己的短衫顾客；在《阿Q正传》中，别人欺侮阿Q，阿Q则欺侮比自己更弱小的小尼姑；在《祝福》中，鲁镇的村民把祥林嫂的悲剧当作有趣的故事来欣赏……所有这一切，让人感到一股透骨的寒意。鲁迅对他们的态度是"哀其不幸，怒其不争"。鲁迅爱他们，但希望他们觉悟，希望他们能够自立、自主、自强，拥有做人原则。

鲁迅对权势者和伪君子抱着深恶痛绝的态度。《孔乙己》中的丁举人、《阿Q正传》中的赵太爷、《祝福》中的鲁四老爷、《长明灯》中的郭老娃、《离婚》中的七大人等等，都是这样一些权势者的形象。他们有权有势，但对他人的命运却没有真诚的关心，对社会的进步没有丝毫的热情，他们关心的只是自己的权势和地位，自私、虚伪、冷酷，阻碍着社会的进步和发展。《肥皂》中的四铭、《高老夫子》中的高老夫子则是一些假道学、伪君子，他们口口声声说是关心社会的道德，实际上他们自己都是毫无道德心的人。

鲁迅的小说写的是平凡人的平凡的生活，没有离奇的故事，没有引人入胜的情节，却充满了无穷的艺术魅力。这种魅力是从他对人、对生活的细致入微的描写和对人的内在微妙心

理的入木三分的刻画带来的。画面是普通的画面，人物是普通的人物，但却在这么普通的画面和普通的人物身上，随时都能注意到我们平时注意不到的特征，觉察到平时觉察不到的人物的心理活动。正是由于这种细致入微的描写和入木三分的心理刻画，使鲁迅小说的艺术魅力具有了愈久愈醇的特征。

  为了揭示不同生活画面和不同人物命运的不同的意义，鲁迅的小说结构是多变的，几乎一篇有一篇的样式，一篇有一篇的写法。《狂人日记》与《阿Q正传》不同，《孔乙己》与《白光》不同，《故乡》与《祝福》不同，《孤独者》与《伤逝》不同。不仅结构样式不同，音调节奏也不同。《孔乙己》是那么的单纯而又冷峻，《伤逝》则那么逶迤曲折、情深意切。鲁迅的小说是小说，也是诗，意境幽深，外冷内热，其运用民族语言的功力达到了炉火纯青的地步。

  除了小说集《呐喊》和《彷徨》，鲁迅还创作了散文集《朝花夕拾》和散文诗集《野草》。前者出版于1928年，后者出版于1937年。如果说《呐喊》《彷徨》中的小说是鲁迅对现实社会人生的冷峻的刻画，意在警醒沉睡的国民，《朝花夕拾》中的散文则是鲁迅温馨的回忆，是对滋养过他的生命的人和物的深情的怀念。幼时的保姆长妈妈，在备受歧视的环境中给予过他真诚的关心的藤野先生，一生坎坷、孤傲不羁的老友范爱农,给过他无限乐趣的"百草园",吸引着他的好奇心的民间戏剧和民间娱乐活动……所有这一切,都是在这个险恶世界的背景上透露出亮色和暖意的事物。这些散文,把抒情、叙述、议论结合在一起,有时如平静的港湾,有时如波涛翻滚的大海,有时如湍急奔流的河水,有时又像蜿蜒曲折的小溪,千姿百态,体现了鲁迅散文创作的艺术成就。

同《朝花夕拾》中那些明净细致的散文不同,《野草》中的散文诗则呈现出迷离恍惚、奇诡幻美的意境,它们像一团团情绪的云气,在空中旋转飘荡,变幻出各种意想不到的形状。鲁迅内在的苦闷,化为了梦,化为了超世间的想象,使《野草》成了中国现代主义文学中的一朵奇葩。鲁迅曾对别人说:"我的哲学都在《野草》里。"鲁迅最内在的情绪体验和最玄妙的哲理性感悟,通过这种奇特的艺术手段传达出来。

鲁迅的艺术创造力是惊人的。最充分体现鲁迅创造精神和创造力的还应该首推他的杂文。"杂文"古已有之,在外国散文中也能找到类似的例证,但只有到了中国现代文化史上,到了鲁迅的手中,"杂文""是匕首、是投枪",这种文体才表现出它独特的艺术魅力和巨大的思想潜力。鲁迅的杂文可以说是中国现代文化的一部"史诗",它不但记录了鲁迅一生战斗的业绩,同时也记录了鲁迅那个时代中国的思想史和文化史。当中国现代知识分子要创造适应于中国现代发展的新文化、新思想时,遇到的是从各种不同的阶层,各种不同的人物,从各种不同的角度,以各种不同的方式进行的诬蔑和攻击。鲁迅的杂文就是在这种没有固定不变的战线、没有固定不变的论敌的思想文化斗争中自然形成的。从五四起,鲁迅就开始用杂文的形式与反对新文化的各种不同的论调进行斗争,但那时他还是不自觉的。到了后来,有些人开始嘲笑他是一个"杂文家",他才更明确地意识到"杂文"的力量,并且开始自觉地从事杂文的创作。鲁迅说，杂文是"感应的神经"，它能够"对于有害的事物，立刻给以反响或抗争"，从而为新文化、新思想的发展，在旧文化、旧思想的荆棘丛莽中开辟出一条蜿蜒曲折的道路，使之能够存在，能够发展，能够壮大。

鲁迅一生写了《坟》《热风》《华盖集》《华盖集续编》《三闲集》《二心集》《南腔北调集》《伪自由书》《准风月谈》《花边文学》《且介亭杂文》《且介亭杂文二集》《且介亭杂文末编》等十多部杂文集。在这些杂文集中，鲁迅把笔触伸向了各种不同的文化现象，各种不同阶层的各种不同的人物，其中有无情的揭露，有愤怒的控诉，有尖锐的批判，有辛辣的讽刺，有机智的幽默，有细致的分析，有果决的论断，有激情的抒发，有痛苦的呐喊，有亲切的鼓励，有热烈的赞颂，笔锋驰骋纵横，文采飞扬，形式多样，变化多端。它自由、大胆地表现现代人的情感和情绪体验，为中国散文的发展开辟了一条更加宽广的道路。

鲁迅晚年还完成了一部小说集《故事新编》（1936年出版）。这部小说集取材于中国古代神话、传说和历史事实，但它没有拘泥于原有的故事，而是加进了鲁迅自己的理解和想象，有些还采取了古今交融的写作手法，使古代人和现代人发生直接的对话。鲁迅这样做的目的，是使我们能够通过对现实人物的感受和理解，还古代人物一个鲜活真实的面貌，也通过对古代人物的感受和理解，更深入地感受和了解某些现实人物的真实面目。通过《故事新编》中的小说，鲁迅实际重构了中国的文化史，揭示了中华民族存在和发展的根据，也重塑了那些被中国封建文人圣化了的历史人物的形象。《补天》可以被认为是一部中华民族的"创世纪"，在鲁迅的观念中，真正体现中华民族根本精神的不是那些古圣先贤和帝王将相，而是创造了中华民族的女娲，她是中华民族生命力的源泉和象征;《奔月》写的是古代英雄的悲剧，羿射掉九日，拯救了人类，但那些自私狭隘的世人并不想继承、发扬他的英雄精神，只想利用他实现自己自私狭隘的目的，他被自己的学生所暗算，被他的妻子所抛弃；《铸剑》表现的是被压迫者向压迫者复仇的主题；《理水》《非攻》歌颂了中国古代那些身体力行的政治家和思想家，禹和墨翟都是中华民族的脊梁式的人物。孔子、老子、庄子、伯夷、叔齐这些历史人物，也在鲁迅的笔下变成了有些可笑但仍不失其可爱的活生生的形象。鲁迅的《故事新编》以荒诞的手法表现严肃的主题，创立了一种完全新型的历史小说的写法。

鲁迅在短篇小说、散文、散文诗、历史小说、杂文各种类型的创作中，都有自己全新的创造。他的一生是为中华民族的生存和发展挣扎奋斗的一生，他用自己的笔坚持社会正义，反抗强权，保护青年，培育新生力量。在前期，他热情支持青年学生的正义斗争，揭露段祺瑞执政府镇压学生运动、制造"三·一八"惨案的罪恶行径，写下了《记念刘和珍君》等一系列震撼人心的文章；在后期，他反对国民党政府对共产党人和进步青年的血腥镇压，参加了左翼作家联盟和中国民权保障同盟，写下了《为了忘却的记念》等一系列充满义勇正气的文章。"鲁迅的骨头是最硬的，他没有丝毫的奴颜和媚骨，这是殖民地半殖民地人民最可宝贵的性格。"

甘愿做一个盗火者

鲁迅同情中国革命，与中国共产党关系密切，曾自喻为窃火者。1926年夏，鲁迅离开北京，奔赴厦门，担任厦门大学中国文学系教授，同时兼任国学院教授。1927年初，鲁迅又转赴当时的革命中心广州，担任中山大学中文系主任，同时兼任教务主任，一边从事教育和文学创作，一边投入新的战斗。同年4月，广州发生反革命政变，在腥风血雨中，鲁迅因营救学生无果，悲愤之下提出辞职。

在血的教训面前,鲁迅早年形成的社会发展观发生了变化,他严厉解剖自己的思想,纠正了过去只信进化论的"偏颇",他的思想发展进入了一个崭新的起点。

1927年10月,鲁迅到了上海,从此定居下来,集中精力从事革命文艺运动。他参加和领导了中国左翼作家联盟、中国自由运动大同盟和中国民权保障同盟等许多革命社团,主编《前哨》《奔流》《萌芽月刊》等许多刊物,团结和领导广大进步的文艺工作者,与帝国主义、封建主义和国民党政府及其御用文人进行针锋相对的斗争。同时,他坚持韧性战斗,撰写了数百篇杂文。这些杂文,像匕首一样在反文化"围剿"中做出了特殊的贡献。

1932年12月,宋庆龄、蔡元培、杨杏佛、林语堂等人发起组织中国民权保障同盟。其宗旨为援助那些在监狱中的政治犯,为争取结社、集会、言论、出版自由而斗争。鲁迅应蔡元培的邀请,参加了这个组织。1933年1月17日,鲁迅出席了上海分会的成立大会,当选为执行委员。宋庆龄回忆说:"中国民权保障同盟每次开

会时,鲁迅和蔡元培二位都按时到会。鲁迅、蔡元培和我们一起热烈讨论如何反对白色恐怖,以及如何营救被关押的政治犯和被捕的革命学生们,并为他们提供法律的辩护及其他援助。"

当时,爱尔兰作家萧伯纳正在做环游世界的旅行,1933年2月17日在上海停留了一天。民权保障同盟组织了对他的欢迎,鲁迅参加

了这一活动。在这一天的《申报》上，鲁迅发了一篇短文——《萧伯纳颂》，称赞"他竟替我们二十岁的青年，想到了四五十岁的时候，而且并不离开了现在"。

萧伯纳在上海的停留时间虽然短暂，却成了轰动一时的新闻人物，各家报纸有着各不相同的

报道和评论，有不满，有攻击，也有谣言。鲁迅看到后觉得有趣，以为这也是一种文献，值得编辑起来印成一本书。正好那时鲁迅的好友瞿秋白住在他家里，也很赞同这个设想，就搜齐报纸，剪剪贴贴，加些评注，很快就编成了《萧伯纳在上海》这本小册子。

这年1月底，希特勒的纳粹党攫取了德国政权，实行残酷的法西斯统治，取缔纳粹党以外的一切政党，对犹太人实行种族灭绝政策，大规模查禁和焚毁书籍，恶行令人发指。5月13日，民权保障同盟执行委员宋庆龄、蔡元培、杨杏佛、鲁迅、林语堂、史沫特莱和伊罗生前往德国驻上海领事馆，递交了一份抗议法西斯暴行的抗议书。接着，鲁迅写了好些篇斥责德国法西斯的文章，公开表示自己也正是憎恶法西斯的一个。

国民党当局以希特勒为榜样加强了法西斯统治,法西斯势力十分猖獗。5月14日下午,国民党特务突然闯进丁玲家里,绑架了丁玲和正在丁玲家里的潘梓年。原先约定来这里的应修人不知道已经发生了这样的情况,他刚上楼就遇到了守候在那里的特务,来不及退出,和特务扭打起来,最后被特务从窗口推出,当场摔死。民权保障同盟为了营救丁玲、潘梓年而奔忙起来。鲁迅很看重丁玲的文学才能,很关心被捕者的安危,可是传出来的消息总是不好的居多,甚至有消息说丁玲已经死了。鲁迅甚觉悲凉,写了一首诗悼念她:

> 如磐夜气压重楼,
> 剪柳春风导九秋。
> 瑶瑟凝尘清怨绝,
> 可怜无女耀高丘。

当时流传一个黑名单,其中既包括一些著名的共产党人,也有不少蒋介石在国民党内的政敌,还有民权保障同盟的杨杏佛、鲁迅、胡愈之等人以及茅盾等作家,一共50多人。

国民党特务马上用血腥的暴行证明了这次不是虚声恐吓。1933午6月18日,民权保障同盟总干事杨杏佛遭到国民党特务的暗杀。这是特务机关对宋庆龄、蔡元培等人的警告。

6月20日,杨杏佛入殓,国民党特务放出风声,威胁说要在这一天暗杀民权保障同盟中的人。鲁迅不顾朋友的劝阻,冒着生命危险,前往万国殡仪馆。鲁迅是怀着必死的决心去向这位牺牲的战友告别的。回来后,鲁迅写了一首悼念诗:

> 岂有豪情似旧时,
> 花开花落两由之。

何期泪洒江南雨，

又为斯民哭健儿。

不久之后，鲁迅在给友人的信中说："倘用暗杀就可以把人吓倒，暗杀者就会更跋扈起来。他们造谣，说我已经逃到青岛，我更非住在上海不可，并且写文章骂他们，还要出版，试看到底是谁灭亡。""只要我还活着，就要拿起笔，去回敬他们的手枪。"

1933年9月间，世界反对帝国主义战争委员会在上海秘密召开远东反战会议，讨论反对日本帝国主义侵略中国和争取国际和平等问题。鲁迅同毛泽东、朱德一起被推为名誉主席团的成员。为了鲁迅的安全，并没有邀请他出席会议，可鲁迅自始至终关心着会议的进程。冯雪峰那时担任中国共产党江苏省委宣传部长，奉命负责会议的组织工作，差不多每隔三四天都要在深夜到鲁迅家里去一趟，谈论会议筹备工作的进展情况。

1933年秋冬，国民党当局对于左翼文化界又进行了一场新的镇压。拍摄了一些进步影片的艺华影片公司遭到了捣毁。在接下来的几天里，捣毁的行动又蔓延到书店方面，良友图书印刷公司遭到了冲击。许多书店收到了恐吓信，信上说鲁迅等赤色作家所作文字一律不得刊行、登载、发行。否则，将会受到比艺华和良友公司更为严重的损失。就是在这样的高压下，鲁迅也不肯就此搁笔，还是改些做法，换些笔名，继续发表文章。在1934年一年里，他用了过去没有用过的新笔名就有三十多个，有些笔名只

用一两次就不再用了。

1934年10月，中央红军放弃了江西苏区根据地，突破重围，开始了二万五千里的长征。鲁迅从报纸上看到这个消息，马上想起体弱的好友瞿秋白，担心他能不能经受得起行军的艰苦。正在悬念中，鲁迅收到一封署名"林祺祥"的来信，说他原来在同济大学学过医，后来在红军里当军医，现在被俘了，请鲁迅设法营救。鲁迅一看到这熟悉的字迹就知道是瞿秋白写的。鲁迅想尽一切办法营救，甚至考虑变卖家产来筹措营救的款项。但不幸的是，瞿秋白被叛徒出卖了，暴露了身份，于1935年6月18日被枪决。鲁迅得知后，写信给曹靖华说："中国事其实早在意中，热心人或杀或囚，早替他们收拾了，和宋明之末极像。但我以为哭是无益的，只好仍是有一分力，尽一分力，不必一时特别愤激，事后却又悠悠然。"

为了纪念亡友，鲁迅就来搜集、整理、编印他的遗文。从比较容易着手的文学翻译开始，先编为两卷《海上述林》。鲁迅一生的最后一年里，大部分时间都用在这件事上面了。这一年他经常在病中，体重只有37公斤，可是他还是支撑着病躯，一遍遍地看校样。

可惜的是，上卷印成以后十多天，鲁迅就去世了，来不及亲眼看到下卷的印成。他原来打算，在完成《海上述林》后，还要整理出版瞿秋白的著作集，可是这一计划是不可能完成的了。

就在瞿秋白牺牲后不久，有人给鲁迅送来了方志敏给他的信和一包文稿。方志敏，是中国共产党的优秀党员，江西党组织的创始人之一，闽、浙、皖、赣革命根据地的创建者。

1934年7月，奉中共中央派遣，率领抗日先遣队北上抗日，在皖南遭国民党军重兵围追堵截，艰苦转战两月余，被7倍于己的敌军重重围困在怀玉山区。他带领先头部队奋战脱险，但为了接应后续部队，冒着雨雪和危险，复入重围，寻找部队，终因寡不敌众，弹尽援绝，于1935年1月29日被俘。方志敏在狱中坚贞不屈，写了不少文稿，其中包括致党中央的信，以及自传性质的散文《可爱的中国》《清贫》等名著。同年8月6日，方志敏在南昌英勇就义。他在就义之前托一个同情革命者将这些文稿从南昌送到上海。他在给带信者的信中说："为防备敌人突然提我出去枪毙，故我将你的介绍信写好了。是写给我党的中央，内容是说明我在狱中所做的事，所写的文稿，与你的关系，你的过去和现在同情革命帮助革命的事实，由你答应交稿与中央，请中央派人来与你接洽等事情。写了三张信纸，在右角上点一点作记号。另一信给孙夫人，在右角上下都点了一点，一信给鲁迅先生，在右角点了两点。"

这是一个革命者赴死前的嘱托，是一种宝贵的信任，鲁迅完全懂得这个分量，他小心翼翼地珍藏着这一包作者已经不在人世了的文稿。1936年4月，冯雪峰奉党中央的派遣，从陕北来到上海，鲁迅郑重地把这包文稿交给了他，心里这才如释重负。

1935年10月，中央红军经过二万五千里长征到达陕北苏区，同陕北红军会合。为了祝贺长征的胜利，鲁迅写信给中国共产党中央："在你们身上，寄托着人类和中国的将来。"12月，中国共产党在陕北瓦窑堡举行中央政治局会议，决定建立民族统一战线的策略。1936年4月，党中央派冯雪峰到上海去，贯彻瓦窑堡会议的精神。冯雪峰4月25日到达上海，第二天就去见鲁迅，并在鲁迅家里借住了两个多星期。在动乱的时局中，阔别两年的朋友再次相见，两人都感慨万千。通过冯雪峰，鲁迅增加了对中国共产党的了解。冯雪峰满怀敬意地向鲁迅介绍了毛泽东对红军战争的领导作用，这种情绪也极大地感染了鲁迅。冯雪峰回忆说："有一天，也就在谈到了我党和毛主席之后，他横躺到床上去随意抽着纸烟休息，一会儿却又好像想到了什么，慢慢地从床上起来，脸上漾着平静的微笑，就在窗前的书桌前面站着，半向着坐在书桌旁边的我，半向着窗子，一手横在胸前托着另一只拿着纸烟的手的手肘，只是那么柔和地默默地微笑着，然后怡然自得地、又好像忘我地、缓慢平静地说：'我想，我做一个小兵是还胜任的，用笔！'"

经过冯雪峰的详细解释，鲁迅充分理解并且赞同了中国共产党提出来的抗日民族统一战线主张。他公开声明："中国目前的革命的政党向全国人民所提出的抗日统一战线的政策，我是看见的、我是拥护的，我无条件地加入这战线，那理由就因为我不但是一个作家，而且是一个中国人，所以这政策在我是认为非常正确的。"

这一年里鲁迅经常在病中。尽管鲁迅以医生都为之吃惊的坚强意志和疾病作斗争，但病情还是在日渐加重着。支撑到6月4日，他就完全躺倒下来，连写字的力气都没有了，多年持续不断的日记也中断了20多天。宋庆龄听到消息后，立刻写信给鲁迅："我恳求你立刻入医院医治！因为你延迟一天，便是说你的生命增加了一天的危险！！你的生命，并不是你个人的，而是属于中国和中国革命的！！！为着中国和革命的前途，你有保存、珍重你身体的必要，因为中国需要你，革命需要你！！！"

到6月底，病状稍稍有所减轻，医生主张他到日本去疗养三个月。他经过认真考虑还是决定不去。他对冯雪峰说:"我觉得,那么躺着过日子,是会无聊得使自己不像活着的。……我总这样想,与其不工作而多活几年,倒不如赶快工作少活几年的好,因为结果还是一样。多几年也是白白的。"

他尽管常在病中,但是只要病情稍好一点就又起来工作。10月8日,他抱病应邀参观了"第二回全国木刻流动展览会"。木刻,这是他浇注了大量心血培植起来的新兴艺术,他同木刻家通信,帮他们办讲习班,办展览,出画册。这一天的参观中,许多木刻家亲切地围绕着他,他虽然觉得很疲乏,但很兴奋。

1936年10月19日,鲁迅在上海大陆新村寓所与世长辞。他走完了他55年凄风苦雨、顽强苦斗的坎坷人生。鲁迅的一生是坎坷的一生,更是顽强奋斗的一生。

生前,他立下遗言:"一、不能因为丧事收任何一文钱,但朋友的,不在此例。二、赶快收敛、埋掉、拉倒。三、不要做任何关于纪念的事。

四、忘掉我，管自己的生活。倘不，那就真是糊涂虫。五、孩子长大，倘无才能，可寻点小事情过活，万不可去做空头文学家或美术家。六、别人应许给你的事物，不可当真。七、损着别人的牙眼，却反对报复，主张宽容的人，万勿和他接近。"

鲁迅的葬礼由宋庆龄亲自主持，葬于虹桥万国公墓。整个仪式肃穆庄严，这位为唤醒沉睡国人的斗士沉沉地睡去了，他的棺木上覆盖着绣有"民族魂"三个大字的白旗。上万民众自发举行公祭，为他送别。1956年，鲁迅遗体移葬虹口公园，毛泽东为重建的鲁迅墓题字。

鲁迅故居及纪念馆

鲁迅故居位于浙江省绍兴市内东昌坊口新台门内。鲁迅诞生在东昌坊口新台门周家，并在这里度过了童年和少年时代。辛亥革命前夕，鲁迅又回到故乡。他一生有三分之一以上的时间是在绍兴度过的。中华人民共和国建立后，对鲁迅故居多次进行修缮，并建立了鲁迅纪念馆。1997年6月，被中宣部公布为首批全国百个爱国主

义教育基地。

鲁迅纪念馆位于鲁迅故里东侧，总占地面积为6000平方米，总建筑面积约5000平方米。陈列厅由序厅、南北主展厅、辅助展厅、名人文库及休闲区等几部分组成。

进入序厅，映入眼帘的是一尊大型青铜坐像，坐在鲜花丛中的鲁迅，表情自然，和蔼可亲，仪态从容，更多地表现了他在日常生活中的真实面貌。序厅两侧设有"水乡绍兴""越中名贤"大型浮雕，反映绍兴悠久历史、灿烂文化。

主展厅共两层，分为南、北展厅两个大空间形式，同时又与序厅紧密相连，空间贯通一体。展览通过大量的实物、手稿、照片、书信、图表、模型等展品，采用现代化展示手段，如多媒体触摸屏、三维立体成像及鲁迅与闰土、鲁迅与藤野先生等仿真人物蜡像，生动地再现了鲁迅一生的光辉业绩，既有鲁迅青少年时期的绍兴地方特色，反映了绍兴乡土文化对鲁迅的熏陶和早期家庭变故对鲁迅的影响，同时又有鲁迅在上海十年韧性战斗的重点，真实、形象地再现了鲁迅的光辉业绩及其思想发展的历程。

　　辅助展厅单独设在主展厅西侧，与主展厅隔水相望。通过一条明亮的玻璃廊桥，与主展厅有机结合。辅助展厅东侧临水设有玻璃通廊和弧形挑台。在参观中不仅将庭院水景尽收眼底，而且在主展厅与辅助展厅之间通过透亮的玻璃墙面，构成相互渗透相互烘托的活跃人文景观。

　　名人文库采用藏书室形式，设在东侧，面对封闭式绿化庭院，环境幽静，是学者、公众进行资料收集、学术研究的好场所。

　　北展厅底层为休闲区，设有休闲茶座、三味书店及休息观景平台。参观者可在此休闲购物、欣赏美景。

　　现在的鲁迅故里已经成为一条独具江南风情的历史街区，成为一个原汁原味解读鲁迅作品、品味鲁迅笔下风物、感受鲁迅当年生活情境的真实场所。一条窄窄的青石板路两边，一溜粉墙黛瓦，竹丝台门、鲁迅祖居、鲁迅故居、百草园、三味书屋、咸亨酒店穿插其间，一条小河从鲁迅故居门前流过，乌篷船在河上晃晃悠悠，此情此景不禁让人想起鲁迅作品中的一些场景。精心保护和恢复后的鲁迅故里已成为立体解读中国近代大文豪鲁迅的场所，成为浙江绍

071

兴的"镇城之宝"。

上海鲁迅纪念馆

上海鲁迅纪念馆位于虹口区的鲁迅公园内（甜爱路200号），是新中国成立后建立的第一个人物类纪念馆。2001年被中宣部公布为第二批全国爱国主义教育基地。2008年由国家文物局首批授予"国家一级博物馆"的称号。

鲁迅纪念馆始建于1951年1月，馆名由周恩来题写。1956年9月迁入虹口公园（今鲁迅公园）。1998年上海鲁迅纪念馆在原址进行改扩建，1999年9月竣工并对外开放。2011进行陈列改建，新的陈列于当年9月展出。

上海鲁迅纪念馆新馆，保留了原二层江南民居的建筑风格，同时又融入了现代建筑语言，是一座获得上海市建筑白玉兰奖的优秀建筑，总占地面积5266平方米，建筑面积5043平方米。地下一层为文物库房；地上一层为现代文化名人专库"朝华文库"、学术报告厅"树人堂"和专题展厅"奔流艺苑"；二层为陈列展厅。现陈列采用专题式的叙事方式，通过"生命的路""首在立人""画出国人的魂灵""保存者、开拓者、建设者""精神界之战士"和"人之子"六个专题，表现鲁迅为寻求救国救民的真理而上下求索，他作为中国新文学的奠基人的巨大的文学成就，以及他为民族和社会的解放而不懈斗争的光辉业绩。

　　第一展厅为"生命的路"，通过投射在三面墙体上近6分钟的巨幅影视，浓缩了鲁迅在与黑暗世界的斗争中披荆斩棘、艰难跋涉、奋然前行的光辉一生，见证了他不平凡的人生轨迹和终成一代思想文化伟人的起伏跌宕的心路历程。短片气势恢宏，对鲁迅的生平业绩和思想以高度哲理性的概括，使观众从参观开始，就对鲁迅有一个概略的了解。

第二展厅为"首在立人",着重表现鲁迅从事文学、社会活动的核心思想——"立人"。在鲁迅看来,只有有了无数人格独立、精神觉醒的新人,社会、民族才有希望。中华民族要屹立于世界民族之林,唯有民魂是最可宝贵的。鲁迅为实现他的"立人"理想,奋斗了一生。通过顶面许多个横梁,上面雕刻了有关鲁迅"立人"的文摘,来强化这部分的主题——"首在立人"。

第三展厅为"画出国人的魂灵",集中表现鲁迅的创作成就。在展示鲁迅主要文学实绩的同时,还以沙画的形式演示鲁迅笔下人物,以1500余张鲁迅形象和作品插图组成一幅巨幅鲁迅像,令人震撼。135度弧形银幕上放映的电视艺术片《秋夜》,含义隽永,回味无穷。观众还可以互动设置,在这里体验鲁迅笔下生活情趣。

第四展厅为"保存者、开拓者、建设者",造就具有健全人格的民族新人,需要多方面的精神滋养,为此,鲁迅在竭力推进中国新文学的同时,殚精竭虑、不遗余力地致力于整理、保存中国古代优秀文化遗产,译介、引进外国进步文艺,倡导新兴版画,为建设中国的新文化,进行了全面的、长期不懈的艰苦努力,成为现代中国的一代文化伟人。

第五展厅为"精神界之战士",鲁迅曾大声呼唤中国"精神界之战士"的到来。鲁迅一生上下求索,不断地追求救国救民的真理,不仅用他的如椽巨笔对中国国民性的弱点,作了深刻的剖析,而且写下了大量抨击黑暗社会的檄文,并亲自参加反对封建专制、反对帝国主义侵略和国民政府反动统治的实际斗争。为实现立人兴国的理想,鲁迅苦苦奋斗了一生。同时,也表现了鲁迅作为"战士"的另一面:对战友、师长、家人的深厚情谊。鲁迅是20世纪中国最伟大的"精神界之战士"之一。

第六展厅为"人之子",中华民族博大的精神文化滋养了鲁迅。鲁迅的脉搏始终与中国人民前进的时代步伐一起跳动,他一生为了

中华民族的解放而奋斗不息，鲁迅是中国人民的忠实儿子。他思想的深刻内涵，不仅在当下仍然具有巨大的现实意义，而且指向了人类的未来，鲁迅堪为我们这个时代站立在全人类思想之巅的哲人之一。

上海鲁迅纪念馆是国内重要的鲁迅文物的收藏机构和研究机构。现藏有文物、文献资料20余万件，其中国家一级文物93件（组），珍贵文物2万余件，并定期出版学术刊物《上海鲁迅研究》。陈列以大量珍贵的文物，丰富翔实的资料，以及雕塑、场景、影视、多媒体等多种手段，让观众走近中华民族的伟大儿子——鲁迅。

闻一多：民主战士

第三章

清华园的才子

闻一多是学贯中西、博通古今的文学大家，更是坚贞不屈的民主战士，他为争取民族解放、国家独立和人民幸福而英勇奋斗，直至壮烈牺牲。诗人、学者、战士构成了他完整的一生，形成了他崇高的人格。闻一多的挚友朱自清这样评价他：闻一多先生"学者的时期最长，斗士的时期最短，然而他始终不失为一个诗人；而在诗人和学者的时期，他也始终不失为一个斗士"。

闻一多，原名亦多，字友三，亦字友山，家族排行叫家骅。后改名多，五四以后又改名一多。著名诗人、学者，中国现代伟大的爱国民主战士，中国民主同盟早期领导人。

清光绪二十五年十月二十二日（1899年11月24日），闻一多生于湖北省黄冈市蕲水县（今浠

水县）下巴河镇的一个书香门第。家学渊源，自幼爱好古典诗词和美术。5岁入私塾启蒙，10岁到武昌就读于两湖师范附属高等小学。

1912年，闻一多13岁，他以复试鄂籍第一名的成绩考入北京清华留美预备学校（清华大学前身），在清华度过了十年学子生涯。清华是美丽的，但恰恰是令中国人感到耻辱的庚子赔款办的。民族的遭遇和命运，似乎已注定了他要承受这种煎熬。在这样的煎熬里，闻一多将自己沉浸在中国的古诗词中，寻找心灵的呼应和慰藉。他在读杜甫的"安得广厦千万间，大庇天下寒士俱欢颜"的诗句时种下了关心百姓疾苦的思想种子；他在品味屈原的冤郁绝望中，感受了"路漫漫其修远兮，吾将上下而求索"的责任和豪情。在我国古典文学方面，从《诗经》《楚辞》，到《史记》《汉书》，从陶潜、李白到李商隐、陆游以及明清笔记诗话等，他都广为涉猎，并写下心得，著书立说。

1916年，闻一多开始在《清华周

刊》上发表系列读书笔记，总称《二月庐漫记》，同时创作旧体诗，并任《清华周刊》《新华学报》的编辑和校内编辑部的负责人。《二月庐漫记》是闻一多最早的学术论著，"二月庐"是他假期在家里攻读古籍时所得的一个雅号，后来闻一多在他的诗集《红烛》中，曾写了一首题为《二月庐》的诗，诗中写道：

　　面对一幅淡山明水的画屏，
　　在一块棋盘似的稻田边上，
　　蹲着一座看棋的瓦屋——
　　紧紧地被捏在小山底拳心里。

　　诗中提到的"瓦屋"，就是闻一多在家乡的住屋。在瓦屋前面，是一望无际的望天湖，不远处的碧山峰连绵起伏，湖光山色，十分迷人。闻一多喜爱这恬静的田园风光，每年暑假，都要回瓦屋居住，

078 现代文化名人

读书二月，瓦屋因此命名为"二月庐"。《二月庐漫记》是用笔记、诗话一类的体裁写成的，包括的内容很广，既有历史人物和事件的品评，又有名人轶事的描述。虽然没有惊人之笔，但他力求排除旧说，发掘新意。

闻一多除努力钻研古籍外，在文艺领域也很活跃。他对戏剧、诗歌和美术，都有浓厚的兴趣。

在清华园内，闻一多是当时最有才能的戏剧活动者之一。刚进清华园时，他就自编自演了新剧《革命军》，引起了强烈的反响，此后，他成了校内出名的编导和演员。1916年秋，清华成立了全校性的"游艺社"（分戏剧和音乐两部），闻一多被选为该社的副社长，后来"游艺社"改为"新剧社"，闻一多又被选为新剧社的负责人之一。

对美术，闻一多自幼就十分喜爱。进入清华后，他仍然孜孜不倦地钻研美术。在课余时间，他积极参加由美术教师组织的"校外写生团"，到外地体验生活，进行创作。他担任过《清华学报》的美术副编辑，并和一些同学在清华园内发起和组织了"美术社"，除了练习绘画外，还经常介绍西方著名画家、雕塑家的作品。闻一多在美术上的造诣很深，其作品曾被送到巴拿马博览会上进行展出。

闻一多还是一个诗歌的爱好者。五四新文化运动以前，他发表过不少旧体诗，其中长诗《提灯会》是最杰出的一篇。这首诗写于第一次世界大战结束之时，在庆祝胜利的欢乐声中，闻一多却清醒地看到了帝国主义"亡我中华"的野心，揭露了反动军阀不顾国家危亡，大肆征伐杀戮的罪恶，表现了闻一多"俯思国难"的悲愤之情。五四运动后，他开始从事新诗创作。1920年7月，他在《清华周刊》上发表了第一首新诗《西岸》。此后，他就逐渐以一个新诗的开拓者，出现在中国的诗坛上。

改良社会

　　第一次世界大战后，英、法、美、日等战胜国在法国巴黎召开瓜分世界的巴黎和会。中国曾跟随英美等国参加第一次世界大战，也以战胜国的身份，派代表出席和会。由于大国操纵和会，中国的正当要求和合法权益非但没有得到保证，反而要把德国在山东的权利转让给日本。消息传到国内，全国人民群情激愤。5月4日，北京3000多学生，走上街头，高呼着"外争国权，内惩民贼"的口号，举行了声势浩大的游行示威。这就是划时代的五四运动。

　　五四运动前，清华的统治者为了阻止学生参加校外的斗争，散布了言论说"过激主义侵入清华，将妨碍彼等留美之权利"，因此当其他学校的学生在酝酿一场反帝爱国热潮的时候，清华园却在沉默之中。闻一多对此痛心疾首，他在一次学生集会中说："清华住在北京，北京学生救国，清华不去参加，清华，清华，难道你真的

不算是中国人的学校了吗？"

5月4日那天，因地处郊外，再加上学校封锁消息，清华的学生没有参加游行示威。但是历史的潮流是封锁和阻挡不住的，当天晚上，闻一多在清华学生饭厅门口，贴出了一张未提名的呼吁，并用楷书抄录了岳飞的《满江红》：

怒发冲冠，凭阑处、潇潇雨歇。抬望眼，仰天长啸，壮怀激烈。三十功名尘与土，八千里路云和月。莫等闲、白了少年头，空悲切。

靖康耻，犹未雪；臣子恨，何时灭。驾长车，踏破贺兰山缺。壮志饥餐胡虏肉，笑谈渴饮匈奴血。待从头，收拾旧山河，朝天阙。

他借用岳飞《满江红》的反对侵略凌辱、恢复祖国山河的豪情壮志，激励大家，呼吁同学们从留学的梦中回到现实中来。

这张大字报如春雷一般，震醒了同学们的"留洋美梦"。全校同学反帝爱国烈火熊熊燃烧起来了。当天，大家选出了"清华学生代表团"，到城内组织联系。闻一多被选为代表团成员，并兼代表团的文书工作。第二天，在清华代表团的率领下，清华的部分同学参加了城内的游行示威，其他同学在学校的体育馆前召开了大会。清华园沸腾了。大会决定，全校马上罢课，动员全体同学投入反帝爱国的伟大斗争。

6月3日，五四运动进入了新阶段。上海工人首先举行罢工，唐山、长辛店、长沙、武汉、天津等地工人相继投入战斗，把五四爱国运动推向了新的高潮。6月3日这天，北京学生举行沿街大演讲，清华也派出了100多人组织了讲演队。反动的军阀政府派出大批军警镇压学生，逮捕学生数以千计。清华讲演队也有多半的同学被逮捕了。未逮捕的同学聚集在警察局门口，要求释放被捕学生。反动当局不仅没有答应学生的正当要求，反而也逮捕了他们。消息传到清华，清华的学生彻底愤怒了。闻一多留在校内工作，没有参加讲演队。当他听到同学被逮捕的消息后，异常愤怒，第二天一清早，便率领160多人的讲演队进城，同时组织了慰问队，给被捕的同学送去慰问品。闻一多他们临出发前，都带上了毛巾、牙刷，准备被捕坐牢。在进城的过程中，他们沿途向市民展开宣传，深深地激励和鼓舞听众的斗志。路上，清华的讲演队遭到反动军警的毒打和逮捕，又有90多人被捕。但是闻一多和其他同学们，毫无惧色，继续前进，一面鼓励被捕的同学坚持斗争，向他们高喊"你们先去，我们就来"，一面高呼"严惩卖国贼"口号，与军警展开搏斗，表现出了视死如归的英雄气概。

　　五四运动后，中国的思想界异常活跃，各种思潮如潮水般向中国涌来，如社会主义、无政府主义、实业救国、科学救国、平民教育等，许多爱国青年从这五花八门的思潮里，寻找治国的良方，探索前进的道路。在清华园内，各种学生社团，也纷纷成立。1920年3月，闻一多和几位同学组织了亠社。社名是由闻一多拟定的。"亠"是古"上"字，与"尚"通义，是高尚、上进的意思。起初，亠社只有6个人，是个读书性质的小团体，每周举行读书报告会，交流学习和研究方面的心得体会。后来，团体成员逐渐增加，活动范围也逐渐扩大，开始跳出书本，走向社会，做一些社会调查和社会服务工作，并提出了"改革社会"的口号。

　　1920年4月24日，闻一多在《清华周刊》上发表了《旅客式的学生》，在文中大声疾呼："人类是进化的，我们生到这个世界来，这个世界就是我们的。我们的天性叫我们把这个世界造成如花似锦的，所以我们遇着事，不论好坏，就研究，就批评，找出缺点，就改良。这是人的天性。没有这种天性，人不会从下等动物进化到现在的地位。"还说："我们是社会的一份子……我们应该改良社会，就应该从最切近的地方——我们的学校做起。"

　　闻一多是这样说的，也是这样做的。他和同学们首先冲向清华的封建官僚专制，为实现校内民主和学生自治而斗争。清华是由当时的军阀政府外交部直接管辖的学校，由外交部直接组成的董事会直接管理。校长都是由董事会直接委派，而历届校长都是官僚或买办，他们实行的是独裁的封建统治。对此，清华的进步学生十分反感。

　　五四时期担任清华校长的是一位名叫张煜全的外交部官僚。他养尊处优，为人专横，在五四运动期间残酷镇压学生的爱国运动。此举引起了全校学生的公愤，一场"驱张"的斗争就此展开。为了配合斗争，闻一多画了一幅"垂帘听政"的漫画，勾画了一位多病而又专横的校长坐在床上闭目养神的丑态，讽刺味十足。由于学生的强烈要求，张煜全被赶跑了。这是清华史上学生实行民主自治取得的第一次胜利。通过斗争，清华园内的民主气氛进一步高涨，学生成立了自己的组织——学生会。过去由校方控制的《清华周刊》

也变成了学生自治的喉舌,闻一多被选为学生会的成员和《清华周刊》的编辑。

此后,闻一多为实现校内民主和学生自治,进行了不屈不挠的斗争。他接连在《清华周刊》上发表文章,抨击不良校风,阐述"改良社会"的主张。在《清华的出版物与言论家》一文中,他呼吁为改良社会要敢说敢批评,不要怕学校和社会的责难,指出那些遇事"'三缄其口'的金人,那才真正是社会的蟊贼"。他主张青年学生要"成为自动的、有个性的国民",不应"俯首帖耳地做权威的奴隶"。对于崇拜西方物质文明和生活方式的校风,闻一多十分憎恶。他指出:"现在我们学校风气之堕落,思想之鄙陋,几乎到了无以复加之点。"他呼吁大家要努力改革学校的校风,提出了用"发达精神的生活,以调制过度物质生活的流弊"的主张。闻一多否定资产阶级腐朽的生活方式,鞭挞资本主义的物质主义,在当时说来

无疑是有进步意义的。

1921年11月，闻一多与梁实秋等人发起成立清华文学社，次年3月，写成《律诗底研究》，开始系统地研究新诗格律化理论。后来在创建格律体时，闻一多提出了具体的主张，就是著名的"三美"："诗的实力不独包括着音乐的美，绘画的美，并且还有建筑的美。"

音乐美是指诗歌从听觉方面来说表现的美，包括节奏、平仄、重音、押韵、停顿等各方面的美，要求和谐，符合诗人的情绪，流畅而不拗口，这一点不包括为特殊效果而运用声音。

绘画美是指诗歌的词汇应该尽力去表现颜色，表现一幅幅色彩浓郁的画面。

建筑美是指针对自由体提出来的，指诗歌每节之间应该匀称，各行诗句应该一样长，这一样长不是指字数完全相等，而是指音尺数应一样多，这样格律诗就有一种外形的匀称均齐。

留美生涯

1922年7月，闻一多远赴重洋，赴美国留学。8月7日，他到了芝加哥。芝加哥是当时美国的第二大城市。他先在芝加哥美术学院学习绘画，一年后转到珂泉科罗拉多大学美术系，第三年又转到纽约的一所艺术学院继续学习绘画。早在清华读书时，闻一多就探索过救国道路，主张艺术救国。现在攻读绘画，是为了实践自己的主张。

美国的生活节奏紧张而快速。在芝加哥学院学习油画时，闻一多的宿舍离学校有四十里的路程。如此长的距离，他还能坚持每天八点准时到学校。在课堂上他勤奋学习，屡次受到表扬，每日的考查成绩常得超等。

闻一多主张学习要善于思想,善于思索。他学习西洋油画,经常考虑中国画的不同特点和传统。油画的基础是写生,主要目标是再现人和自然的原来色彩。而中国画却用另一种办法来表现。区别是西方画追求表现事物形体的逼真,中国画用线条来勾勒形体的精神。

闻一多发愤学习,他希望通过自己的画笔,去弘扬祖国灿烂的文化,复兴祖国的尊严和繁荣。在当时的留美学生中,真正具有为国为民的雄心壮志的学生是不多的。许多学生都把留洋当成镀金,为今后个人的发展积累资本。甚至一些人还到处钻营,拉帮结派,寻找政治靠山,把民族尊严和国家前途完全置之度外。闻一多看到这些,内心深感痛苦。在一封家书中他对此责备道:"大丈夫之久居此邦而犹不知发愤为雄者真木石也。"面对殖民主义者的侵略和压迫,闻一多决心发愤为雄,学好本领,振兴中华:

艺国前途正杳茫,新陈代谢费扶将。
城中戴髻高一尺,殿上垂裳有二王。
求福岂堪争弃马,补牢端可救亡羊。
神州不乏他山石,李杜光芒万丈长。

闻一多在留美的日子里,一直刻苦攻读。他常常穿着涂满油彩的工作服在画室作画,深居简出,废寝忘食。他很少游山玩水,认为这样浪费时间。放假时,别的同学都到外地观光游览,但他留在学校，坚持学习。按当时美国的读书习惯，他读书的学校每季为一学期，一年有四个学期，除暑假则三个学期，这三个学期为正式学期，如果愿意在暑假中继续修业也可以。闻一多连续利用几个暑假修业，大大缩短了留美学习的时间。

由于闻一多的勤奋，他的学习成绩一直很突出，如在纽约的美院学习时，七门功课有六门是超等的。他创作了不少优美的画幅，曾多次参加过校内外的画展，深得美国教师的赏识。

闻一多在学习绘画技巧的同时，也很注意绘画理论的研究。他曾跟朋友说："我现在学西方的绘画是为将来做一个美术批评家，我若有所创作，定不在纯粹的西画里。但我希望的是做一个艺术的宣道者，不是艺术的创作者。"当时世界各国，由于经历了第一次世界大战，文化思想都在发生急剧的变化，各种思想潮流奔涌而来，艺术上的各种流派，如印象派、抽象派、立体派、未来派、写实派等等，也花样翻新。闻一多对画坛上涌现出来的各种流派，都作了精心的研究。在学习中，他愈益体察到了西方文化的没落，发现"西洋画实没有中国画高"。中国古代的艺术作品早在西方流传，在世界上享有盛名，特别是中国的风景画、人物画所显示的神态气韵，更远远地超越了西方。但在帝国主义文化侵略日益加深的情况下，中国传统的绘画在受着排挤，"西化"或"欧化"的美术日渐增多。西方画坛上那些没落的艺术流派，也通过各种渠道，冲击着中国传统的绘画艺术。闻一多对那种全盘欧化的民族虚无主义，是持批判态度的。他反对"崇洋"的思想。他在给闻䭾弟弟的信中曾说："王光祈所讲外国人居室陈设华丽的原因未必尽实。这些只是相对的说法，未必是绝对的。你说外国的社会经过艺术化，更不实在。你又说中国美术向来不发达，'向来'应改为'近来'。唐宋之美术之发达据西人之考据真是无可伦比。"闻一多以赤诚的爱国之心，维护着祖国艺术的尊严。他到美国攻读西方绘画，目的是吸收西洋绘画的特长,来提高自己的创作和理论水平。他原想把东西方美术各自的特点,通过自己的艺术实践结合起来,但在当时种族主义肆行的美国,闻一多的愿望是很难实现的。

在课余,闻一多主张多看各种杂志,增加普通的知识。他经常叫家人和同学寄给他国内的文艺刊物,希望与祖国的文化加强精神上的联系。他在信中说:"我自来美国后,见我国留学生不谙国学,盲从欧西,致有怨造物与父母不生之为欧美人者,至其求学,每止于学校教育,离校则不能进步咫尺,以此除赚得留学生头衔而实为废人。"

闻一多不仅大量阅读国内刊物,还广泛涉猎美国诗,并受到很深的影响。芝加哥对闻一多的诗人生涯来说,真是直入堂奥。芝加哥当时是美国现代文学史上的"美国诗歌文艺复兴"运动的中心。闻一多在芝加哥美术学校的同学中,就有后来成名的诗人肯尼思·雷克斯洛思,此人后来取汉名"王红公",为推进当代美国诗坛的中国热不遗余力。到芝加哥不久,闻一多的诗兴如火山爆发,爆发的契机是读美国意象派等新诗派的作品。用文字做色彩"画一张画",是意象派的宗旨,而又名之为"交响乐",更是这派诗人的做法。意象派诗人佛莱契正是在芝加哥的《诗刊》上发表他的《色彩交响乐》组诗,每一首都是百多行的"大诗"。佛莱契声称他自己从1914年以后的诗作"无一例外,全得自东方艺术"。这就不再是巧合,而是"二度返回式影响"的佳例——中国古诗影响了佛莱契,佛莱契又影响了闻一多。闻一多敏感地发现"佛莱契唤醒了我的色彩感觉","他的诗充满浓丽的东方色彩","快乐烧焦了我的心脏……啊!快乐!快乐!"

1922年冬,闻一多的第一本诗集《红烛》出版。《红烛》收录了闻一多1920年至1923年期间的作品,共103首。这些诗,虽然记录着作者感情的风云,但爱国主义是贯穿这本诗集的基调。闻一多希望能够献身祖国，为祖国的新生而发光发热。诗集气势恢宏，语言狂放，美国新诗派对他的影响处处可见。但是闻一多与美国诗的接触不久就有一大变化。1923年夏天，闻一多转到科罗拉多大学，与梁实秋会合。他除了继续学绘画外，还选修了"现代英美诗"课程。当时，英美新派诗人还远没有得到学院承认，科罗拉多当时也不是一个很开放的地方。科大的教授想必让闻一多读了不少美国"雅致派"、英国"乔治派"等传统味较浓的诗人的作品。由此在闻一多的诗歌趣味中造成了一个重要的转折——先新派，后旧派。他后来在《现代英国诗人序》一文中称他注重的诗都是"跟着传统的步伐走"，"与传统的英国诗差异的地方都不如相同的地方"，而他自己则开始主张"诗的建筑美"，提倡"新格律诗"。

《七子之歌》是闻一多先生1925年3月创作的一首组诗，共有七首。分别是《澳门》《香港》《台湾》《威海卫》《广州湾》《九龙》和《旅顺、大连》。其中《澳门》《香港》两首诗选入北师大

版四年级下册语文教材。

闻一多的诗,是他的艺术主张的实践。他的大多数诗作,犹如一张张重彩的油画,他不仅喜用浓重的笔触描绘形象,渲染气氛,尤擅于在大胆的想象、新奇的比喻中变幻种种不同的情调色彩,再配上和谐的音节、整饬的诗句这些优美的艺术形式的框架,使他的诗成为一幅完整的艺术品。但有时由于刻意雕琢,便失去素朴与自然美的光华。闻一多的诗开创了格律体的新诗流派,影响了不少后起的诗人。

远离祖国,闻一多常常有孤独感,更有屈辱的感受。他曾写下这样的诗句:

啊!那里是苍鹰的领土——
那鸷悍的霸王啊!
他的锐利的指爪,
已撕破了自然的面目,
建筑起财力的窝巢。
那里只有钢筋铁骨的机械,
喝醉了弱者底鲜血,
吐出罪恶的黑烟,
涂污我太空,闭熄了日月……

当时,美国是一个金元帝国。第一次世界大战后,美国的工业生产跃居世界第一位,在商品和资本的输出等方面,也都占世界的首位,成为资本主义世界财政资本剥削的中心。英国当时在政治和经济方面,都在积极推行扩张主义政策。美国曾经发起召开了包括英、法、日、意、荷、比、葡、中九国会议,签订了一个所谓的"九国公约",在尊重中国主权完整的幌子下,伙同其他帝国主义国家共同瓜分中国。美国为了掩盖其殖民主义真相，极力鼓吹开明政策，大唱民主自由的高调。但在一片灯红酒绿的繁华背后，充满了血腥的种族主义歧视和压迫。

当时在美国居住的华人很多，美国有名的"唐人街"，就是华人聚居的主要地方。绝大多数中国侨胞，在殖民主义者的压迫和剥削下，遭受着践踏和侮辱，根本享受不到民主自由。当时，洗衣是美国华侨谋生的一个很普遍的职业。但这个职业又往往被社会视为最下贱的职业，经常遭到美国人的嘲笑和讽刺。中国留学生常常被人问道："你爸爸是洗衣裳的吗？"这深深地刺痛了闻一多的心。他把满腔愤怒，融入到诗歌中，他在《洗衣歌》中愤怒地说道：

> 你说洗衣的买卖太下贱，
> 肯下贱的只有唐人不成？
> 你们的牧师他告诉我说：
> 耶稣的爸爸做木匠出身，
> 你信不信？你信不信？

在美国，不仅一般贫困无依的侨胞受人欺凌，就是被视为"高等华人"的留学生，也常常遭受到凌辱。在芝加哥艺术学院时，闻一多本来是租了房子也包了伙食的，但由于房东和另外两位白人房客的骄横，闻一多只好搬出租房，挤到学校的宿舍住。宿舍生活条件很不好，每天下课后，还要自己动手做饭。闻一多常常喝凉开水吃冷面包打发日子。虽然很艰苦，但他宁愿这样也不愿遭受歧视。

强烈的民族自尊心，使他仇视和反抗对中国人的凌辱。有一次，英国学生写了一首诗，讽刺中国人的脸沉默而神秘，就像埃及的狮身人面的怪物。这首诗的作者，要求中国留学生回答："你们在想什么？"闻一多看到这首诗后，立即用英文写诗回击："我首先想到的就是这是侮辱！""奉劝浅薄的美国绅士们，赶快收起那种自以为'幽默'的优越感吧！"闻一多正气凛然的诗句，有力地维护了中华民族的尊严。他专门写了《我是中国人》这首诗，提醒留美的同学，在殖民主义面前，要像个中国人！

在美国，有的中国同学去理发，却因为是有色人种，门都没进去，告到法院虽然胜诉，可是店老板还是要求中国学生只能偷偷地来理发。毕业典礼上，惯例是男女生成对上前接受毕业文凭，但六个中国男生只能自己结成三对走向讲台，因为没有美国女生愿意和他们站在一起。每每耳闻目睹这些事，闻一多都会痛苦地折断手中的笔。闻一多反抗对中华民族的欺凌，仇视种族主义者的傲慢。在家书中，他说："一个有思想的中国青年，留居美国的滋味，非笔墨所能形容。"又说："美国只知白种人也，有颜色之人（彼称黄黑红种人为颜色人）蛮夷也，狗彘也。呜呼！我堂堂华胄，有五千年之政教、礼俗、文学、艺术，除不娴制造机械以为杀人掠财之用，我有何者多后于彼哉？而竟为彼所藐视，是可忍，孰不可忍！"他在《长城下之哀歌》中深情地呼唤：

啊！洪荒的远祖——神农，黄帝！
啊！先秦的圣哲——老聃，宣尼！
吟着香草美人的爱国诗人！
饿死西山和悲歌易水的壮士！
啊！二十四史里的一切英灵！
起来呀！起来呀！请都兴起——

他召唤中国历史上的一切英灵，都起来维护中华民族的尊严，恢复祖国历史的光荣。而当时的中国，军阀混战，民不聊生。他知道，很多不堪卒读的话语，都可以用来形容祖国的苦难，但他写下的诗句却是"我要赞美我祖国的花,我要赞美我如花的祖国"。有人说:"国家是腐败的,到处丑恶,不值得爱。"闻一多痛心地反驳道:"不对,只要是你的祖国,再丑、再恶,也要爱他。"他常把自己的诗寄给国内的朋友们,也常常提醒道:"不要误会我想的是狭义的家,我所想的是中国的山川,中国的草木,中国的鸟兽,中国的屋宇,中国的人。"

闻一多维护民族的尊严,是出于一片赤诚的爱国之心,绝不是一个自私、狭隘的民族主义者。他一方面仇视和反抗美国种族主义者的骄横和凌辱,另一方面对于来自美国人民中的善良和友谊,满腔热情地给予赞许,并铭刻不忘。在美国人民中间,他被认为是一个善于交际的中国人。他与美国人保持着诚挚的交往和友谊。

闻一多与美国人民有深厚的友情。他不愿在交际中花费太多的时间,来往的人不多,认识的都是有道德、有学问的人。有一位温特教授,就是闻一多在美国结识的朋友,后来又介绍他来中国北京大学工作。温特每次回忆起闻一多,都翘起大拇指赞不绝口。两人是在1922年认识的。温特是一个有"中国热的美国人",喜爱中国文化和东方文化,对中西艺术的比较有较深的造诣。两人有共同的志趣和爱好,经常在一起看画展和交谈,有时谈到深夜。

在一般中国留学生中,闻一多算是与美国人接触比较多的。他熟悉中国古代文化,所以热爱中国文化的美国人总喜欢找闻一多谈谈,或识别古代器物,或辨别古代书法。班上同学也偶尔请闻一多做客,想了解中国的风俗习惯。他还参加过结识美国诗人的聚餐会和俱乐部活动。

从诗人到学者

国土一再被践踏,自己的人民一再遭杀戮,闻一多在美国再也待不下去了。他要与祖国同呼吸共命运。1925年，他提前结束了本该五年的留学生涯，踏上回家的路。然而，"五卅惨案""三一八惨案"等相继发生，无情地破坏了闻一多救国救民的愿景，他赖以支持自己的信念支柱倾折了。失望之余，他撂下了写诗的笔，搁置起那些热血的文字，寄身于象牙塔，潜心研究中国古代文学。他甚至希望这古书中有济世救国的良方。

1928年1月，闻一多出版第二部诗集《死水》，收入了28首诗作。诗歌在颓废中表现出深沉的爱国主义激情，出版后产生了相当大的影响，沈从文等人撰文给予了高度评价，标志着他在新诗方面所取得的进步和成就。其中，闻一多对《死水》这首诗特别欣赏，曾多次提到它，把它作为新诗创作第二阶段的新格律诗的代表作，并用这首诗的篇名作了第二部诗集的名字。《死水》写作时间约为1926年4月，抒发了对丑恶势力的憎恶和不满，把对祖国的深沉的爱同对反动统治者的无比的恨交织在一起，思想感情表现得集中而强烈。

这是一沟绝望的死水，
清风吹不起半点漪沦。
不如多扔些破铜烂铁，
爽性泼你的剩菜残羹。
也许铜的要绿成翡翠，
铁罐上绣出几瓣桃花；
再让油腻织一层罗绮，
霉菌给他蒸出些云霞。
让死水酵成一沟绿酒，
漂满了珍珠似的白沫；
小珠们笑声变成大珠，

又被偷酒的花蚊咬破。
那么一沟绝望的死水，
也就夸得上几分鲜明。
如果青蛙耐不住寂寞，
又算死水叫出了歌声。
这是一沟绝望的死水，
这里断不是美的所在，
不如让给丑恶来开垦，
看他造出个什么世界。

这首诗通过对"死水"这一具有象征意义的意象的多角度、多层面的描写，揭露和讽刺了腐败不堪的旧社会，表达了诗人对丑恶现实的绝望、愤慨和深沉的爱国主义感情。诗中的"一沟绝望的死水"是半封建半殖民地旧中国的象征。诗人抓住死水之"死"，先写死寂、次写色彩，再写泡沫，突出了死水的污臭、腐败，把"绝望"的感情表现得淋漓尽致。

1930年9月，闻一多应国立青岛大学校长杨振声的邀请，出任国立青岛大学文学院院长兼中文系主任。在闻一多的一生中，这是第四次参加创办新校了。国立青岛大学的管理模式与学风，集中体现在杨振声主持制定的《国立青岛大学规程》里，充分体现了北大的学风与清华的严格管理模式。学校设校务会议，由全体教授代表及校长、教务长、秘书长、各院院长、各系主任组成。校长杨振声给予了闻一多相当大的自主权，使他"得天下英才而育之"的理想，有了付诸实施的最大可能。著名诗人臧克家以数学0分、中文98分的成绩，被闻一多录取，传为文坛佳话。

闻一多作为文学院院长兼中文系主任，上任伊始，院务繁杂，他十分重视师资队伍建设，聘请了一批年富力强的专家学者，组成了强大的师资阵容。此外，所开设的课程，数量之多、门类之齐全，完全可以和当时中国著名高等学府的中文系相比。

闻一多治学严谨而特色鲜明。他那渊博的知识、独辟的见解、丰富的语言表达能力使同学们折服。大家把听他的课当成一种"无上的学术享受"。他还十分关心青年一代诗人的成长，总是不厌其烦地为学生修改作品，并介绍发表。

当时的青岛是一个殖民统治影响相当严重的城市，日本人在此气焰嚣张，为非作歹。曾有青岛大学学生在海滩上无端被日本浪人打得遍体鳞伤，日本浪人反把学生送到警察局。当时的国民党政府警察一面向日本人谄笑，一面打电话给校方指责放纵学生。闻一多闻而大怒，一面找校长评理，一面大声疾呼："中国！中国！你难道亡国了吗？"在闻一多和学生们的强烈抗议下，警方不得不释放学生。1932年，南京国民政府和山东地方势力的争权夺利斗争延伸到青岛大学内部，学校乌烟瘴气，闻一多遭受了不少攻击与诽谤，

被迫辞职。

闻一多来青岛时，其诗集《红烛》《死水》相继出版，奠定了他在现代中国文学史上的不朽地位。但在《死水》问世后的两三年里，他一直没有再写诗。来到青岛，闻一多仿佛进入了一个诗的世界。碧绿的海面，起伏的波浪，苍翠的松林，醉人的咸风，都激起了他的诗情。在海滨，闻一多创作了充满浓郁浪漫主义色彩的《青岛》和《奇迹》两部作品。前者是闻一多一生中创作的唯一一篇即景抒情散文，后者是闻一多告别诗坛的压卷之作。

闻一多常常驻足海边，流连忘返。他把对青岛的深情挚爱都融入到了《青岛》之中。在不足千字的短文中，他以诗意浓郁的文字，对青岛的春夏秋三季的景色进行了描绘，结构巧妙，浓墨彩绘，留下了他对青岛海城的美好印象。

…………

> 堤岸上种植无数株梧桐，那儿可以坐憩，在晚上凭栏望见海湾里千万只帆船的桅杆，远近一盏盏明灭的红绿灯飘在浮标上，那是海上的星辰。沿海岸处有许多伸长的山角，黄昏时潮水一卷一卷来，在沙滩上飞转，溅起白浪花，又退回去，不厌倦的呼啸。天空中海鸥逐向渔舟飞，有时间在海水中的大岩石上，听那巨浪撞击着岩石激起一两丈高的水花。那儿再有伸出海面的站桥，去站着望天上的云，海天的云彩永远是清澄无比的，夕阳快下山，西边浮起几道鲜丽耀眼的光，在别处你永远看不见的。

《奇迹》的诞生，实际上是闻一多经历几番辗转，饱尝人生艰辛，诗情长久压抑后的一次感情喷发，是闻一多读自己诗歌创作的一个总结及其对诗歌理想的一种期盼。全诗采用了浪漫主义的象征手法，不容易理解，但经过仔细揣摩，还是可以透过这种象征性的雨燕、火一般的热情，找到蕴藉深厚的内核，看到诗人那颗跳动的向往光明的心。

…………
　　给我一个奇迹，
　　我也不再去鞭挞着"丑"，逼他要
　　那分背面的意义；实在我早厌恶了
　　这些勾当，这附会也委实是太费解了。
　　我只要一个明白的字，舍利子似的闪着
　　宝光；我要的是整个的，正面的美。
　　我并非倔强，亦不是愚蠢，
　　我不会看见团扇，
　　悟不起扇后那天仙似的人面。

如果说，在《死水》中，闻一多以深恶痛绝的愤慨鞭挞丑恶的现实，那么在《奇迹》中，他就进一步提出了对光明和美的追求。就是这首荡气回肠的《奇迹》结束了闻一多的诗人生涯，并开始了他的学者生涯。青岛是他诗人与学者生涯的分水岭。在青岛，闻一多完成了从诗人到学者的转变。

闻一多学术研究起步于唐诗，在唐诗研究中，他以杜甫研究作为门径。他认为，要了解杜甫诗需要理解整个唐诗，要理解唐诗，需要先了解唐代诗人的生平。基于这种研究思路，闻一多按部就班地开始了《全唐诗》的研究工作。当时，闻一多还在武汉大学任教，他就这样从杜甫走进了整个唐诗世界。

如果说，闻一多在武汉大学任教期间，对唐诗研究略有收获，来到青岛后，他要在原有研究成果的基础上，扩大研究计划。1931

年暑假，闻一多将即将分娩的夫人送回家乡后，就搬到学校的第八校舍（今一多楼），全面展开了酝酿已久的有关唐诗的研究工作。

闻一多把目光锁定在与杜甫有关系的唐朝诗人身上。他几乎考证了每首杜诗的写作年代，还对杜甫交往的好友也做了分析对比，列出了与杜甫有往来的360人的名单，逐一考证与杜甫的关系。这项研究成果就是后来他撰写的《少陵先生交游考略》。闻一多俯瞰整个唐代诗坛，他要研究《全唐诗》，从每个诗人的生平研究起，涉及406位唐代诗人。以此为依据，开始撰写《全唐诗人小传》，写成了60万字的手稿。虽然未完成，但这项研究是闻一多唐诗研究的基础工作，整个唐代诗歌和诗人世界在闻一多的脑海中形成了一个有机的整体，不再是僵死的而是动态发展的巨大系统。有了这样高屋建瓴的认识，他后来编写《唐诗杂论》《唐诗大系》才能那样游刃有余，屡有创见。

在青岛，闻一多开始了《诗经》研究。研究时，既注意到它是"经"，又注意到它是"诗"，同时吸取了汉唐训诂和宋儒诗说，同时又强调直对文本。闻一多把对字义的解释置于一定的历史时代之中，在清代训诂学的基础上，利用社会历史知识，对民俗、心理、宗教、思想等意识形态进行关照，从而对诗义做出全新而又合理的解释。此种研究方法独树一帜，取得了丰硕的学习成果，在中国现代诗经学上做出了奠基性的贡献。

在《唐诗》和《诗经》研究之余，闻一多还开始了《楚辞》的研究。1933年，他在清华大学开始讲授《楚辞》专题课，之后又在西南联合大学讲，并撰写了许多研究文章。经过10年艰辛，写成《楚辞校补》，成为了一代学人。

闻一多离开青岛后，先后在清华大学、西南联合大学任教。抗战爆发后，他留了一把胡子，发誓不取得抗战的胜利不剃去，表示了抗战到底的决心。

闻一多是在近现代中西文化大交汇、大碰撞中成长起来的一位学贯中西、博古通今的大家，他首先以独具特色的诗人闻名于世。闻一多诗作的数量并不算多，但却以感情深厚、艺术精美见长。他的诗在内容上的突出特点，就是具有极强烈的民族意识和民族气质，表现出深沉、热烈的爱国主义精神，并从爱国爱民的真情出发，表现出对黑暗现实的厌恶，对人民疾苦的同情和美好未来的憧憬。爱国主义精神贯穿于他的全部诗作，成为他诗歌创作的基调。早在清华学生时代所作的《李白之死》《红荷之魂》等诗中，成功地运用中国传统的诗歌题材和形象词汇歌唱他心中的理想与爱情。留美时期写下的《太阳吟》《洗衣歌》《孤雁》《忆菊》等名篇，表现了他对帝国主义"文明"的鄙视和对祖国的思念。回国初期的诗作《祈祷》《爱国心》《一句话》《我是中国人》《七子之歌》等，用炽热的情感，完整的意象，和谐的音律，表现了诗人的民族自豪感。《死水》时期的诗较之往昔之作题材更广泛，思想更深沉，进一步接触到了中国社会现实。《春光》《静夜》《荒村》等诗充满了对处于军阀混战中灾难深重的劳动人民的同情。《唁词——纪念三月十八日的惨剧》《天安门》《欺负着了》等诗则直接把笔锋指向了北洋军阀的暴行。在《发现》这首诗中，诗人面对着军阀混战，列强侵略，山河破碎，民不聊生的现实感到困惑与不安，他"追问青天，逼迫八面的风"，但"总问不出消息"。闻一多的这些诗篇发展了屈原、杜甫创作中爱国主义传统，具有鲜明的时代感以及社会批判的性质。《七子之歌》是闻一多先生1925年3月在美国留学期间创作的一首组诗，共有七首。分别是《澳门》《香港》《台湾》《威海卫》《广州湾》《九龙》和《旅顺、大连》。

在新诗形式上，闻一多既善于吸收西方诗歌音节体式的长处，又注意保留中国古典诗歌的格律的传统，提出了一套创造新格律诗的理论，主张新诗应具有"音乐的美（音节）""绘画的美（辞藻）""建筑的美（节的匀称和句的均齐）"。闻一多的诗，是他的艺术主张的实践。他的大多数诗作，犹如一张张重彩的油画，他不仅喜用浓重的笔触描绘形象，渲染气氛，尤擅于在大胆的想象、新奇的比喻中变幻种种不同的情调色彩，再配上和谐的音节、整饬的诗句这些优美的艺术形式的框架，使他的诗成为一幅完整的艺术品。但有时由于刻意雕琢，便失去素朴与自然美的光华。闻一多所倡导的新格律诗理论和独树一帜的诗歌创作影响了为数众多的诗人，并形成了以他为代表的新格律诗派，在新诗发展史上写下了重要的一页。

闻一多的成就并不限于新诗创作与提倡新格律诗理论，他在中国古代文学研究和古代文化研究方面所取得的创造性的重大成就，引起了学术思想界更为强烈而普遍的震动。应该说，闻一多在中国现代学术思想史上的重要地位，在很大程度上取决于他在中国古代文学及古代文化研究领域的开拓性贡献。后来他走出书斋，投身民主运动，能够具有那样大的影响力和号召力，同样是和他在新诗创作及古代文学研究方面的卓越成就分不开的。

伟大的民主战士

抗日战争中后期，国民党统治的大后方笼罩在一片"可怕的冷静"中。与此形成鲜明对比的是，担负抗战时期中国唯一的对外交通通道的昆明，因这个特殊位置，却处于思想活跃和新意时出的氛围中。昆明的民主运动在中国共产党的领导下日益高涨。在号称"民主堡垒"的西南联合大学内，闻一多积极投身于反对国民党政权的独裁统治、争取人民民主的斗争的洪流。他的声望和影响日益增长，成为民主教授群体中的代表。

1944年，闻一多加入中国民主同盟，被选为民盟云南省支部执行委员，积极参加由中共地下党和民盟同志所组织的"西南文化研究会"，谈学术，议时政，研究斗争策略；并认真阅读马列主义和毛泽东著作，以及《新华日报》和《群众》杂志等革命书刊，使自己的政治思想发生了深刻的变化。

1945年，在中国民主同盟第一次全国代表大会上，闻一多被选为民盟中央执行委员，后又担任云南支部宣传委员兼《民主周刊》社社长。

同年11月25日，昆明大中学校学生6000余人，在西南联大举行反内战时事讲演晚会。国民党反动当局动用武力包围校园，威胁群众，激起广大师生的无比愤慨。更过分的是，国民党中央通讯社编造假新闻，诬指这次集会是土匪骚乱。学生们愤怒了！昆明市3万学生举行总罢课，对国民党当局破坏群众集会的罪行进行抗议。12月1日，国民党当局调动武装特务军警，冲入西南联大和云南大学校园，残酷镇压爱国学生，造成流血事件，死四人，伤数十人，这就是震惊中外的"一二·一"惨案。闻一多得知惨案消息后，悲愤至极，他严正指出："'一二·一'暴行是太凶残丑恶，卑鄙无耻了！比之于当年的'三·一八'惨案，凶残的程度更进了一步，这是白色恐怖吗？这是黑色恐怖！"

　　为扩大这次斗争的影响，当时的中共中央南方局指示，1946年3月17日举行"一二·一"四烈士出殡游行和公葬仪式。当日，3万人参加游行队伍，队伍所经之处，万人空巷，路祭不断。闻一多始终走在游行队伍的最前列，他在安葬仪式上悲愤地指出："我们今后的方向是民主。我们要惩凶，凶手们跑到天涯，我们追到天涯；这一代追不了，下一代继续追。血的债是要用血来偿的。"

1946年6月,蒋介石彻底撕毁停战协定和政协决议,命令国民党军队大举进攻中原解放区,全面内战爆发。与此同时,国民党政府加强了对国统区的法西斯统治,血腥镇压爱国民主运动,昆明再一次陷入了血雨腥风的恐怖气氛之中。

1946年7月11日夜,李公朴被国民党特务暗杀。李公朴为江苏常州人,曾留学美国。当日本军国主义步步进逼时,他满腔热血积极投入到各种救亡活动中,发表了大量反对日本帝国主义侵略、抨击国民党反动派统治的文章,宣传抗日民族统一战线的思想,进行哲学、社会科学和自然科学通俗化的尝试,传播马列主义的一些基本知识,对青年的思想启蒙起了巨大的作用,引导许多青年走上了革命的道路。抗战全面爆发后,李公朴积极投身于抗日民主运动。在山西,经周恩来同志决定,他担任"民族革命战争战地总动员委员会"委员兼宣传部长,开展统一战线工作。同时创办了"全民通讯社",并亲自担任社长。1944年他加入中国民主同盟,被选为民盟云南省支部执行委员,并担任《民主周刊》的编委工作。1945年在民盟全国代表大会上他当选为中央执行委员和民主教育委员会副主任。12月,全国各界救国联合会召开会员大会,改名为中国人民救国会,会上他被选为中央委员和中央常务委员。1946年初,他与陶行知共同创办"社会大学",任副校长兼教务长,实施民主教育的理论与实践相结合的方针,同时主编《民主教育》月刊。

为了迎接政治协商会议的召开,他参加发起成立政治协商会议陪都各界协进会,被选为理事。在政协会议期间,他经常主持举办各种报告会、演讲会。1946年2月10日重庆各界在较场口举行庆祝旧政协胜利闭幕大会,他担任总指挥。会上国民党特务进行破坏,制造了"较场口血案",李公朴等人被特务殴伤。同年5月,社会大学由于国民党反动当局百般刁难被迫停办,李公朴从重庆返回昆明,准备将北门出版社迁至上海,并开始编写《世界教育史》。此时他已经遭到国民党特务的严密监视，但他争取和平民主的决心愈加坚定。他说："我两只脚跨出门，就不准备再跨回来！"1946年7月11日晚，李公朴被国民党特务暗杀。

当闻一多于次日清晨五时赶往医院时，李公朴已经永远闭上了眼睛。他留下的最后一句话是"天快亮了吧！"闻一多不相信自己的战友会这样快地死去。他流着热泪，不停地说着："公朴没有死！公朴没有死！"

这时的昆明气氛异常紧张，有确切消息说国民党下一个暗杀对象就是闻一多。许多朋友劝他暂时出外避一避。但是闻一多却大义凛然地说："决不能向敌人示弱，如果说李先生一死，我们的工作就停顿了，将何以对死者，何以对人民！"

7月15日上午，云南大学至公堂召开李公朴先生遇难经过报告会。闻一多毅然前往参加。出于安全考虑，报告会没有安排他发言。就在李公朴夫人泣不成声地报告先生被害经过时，混入会场的国民党特务乘机捣乱。闻一多见状拍案而起，发表了气壮山河、永垂青史的《最后一次讲演》。

  这几天，大家晓得，在昆明出现了历史上最卑劣最无耻的事情！李先生究竟犯了什么罪，竟遭此毒手？他只不过用笔写写文章，用嘴说说话，而他所写的，所说的，都无非是一个没有失掉良心的中国人的话！大家都有一支笔，有一张嘴，有什么理由拿出来讲啊！有事实拿出来说啊！为什么要打要杀，而且又不敢光明正大的来打来杀，而偷偷摸摸地来暗杀！这成什么话？

  今天，这里有没有特务？你站出来！是好汉的站出来！你出来讲！凭什么要杀死李先生？杀死了人，又不敢承认，还要诬蔑人，说什么"桃色事件"，说什么共产党杀共产党，无耻啊！无耻啊！这是某集团的无耻，恰是李先生的光荣！李先生在昆明被暗杀，是李先生留给昆明的光荣！也是昆明人的光荣！

去年"一二•一"昆明青年学生为了反对内战，遭受屠杀，那算是青年的一代献出了他们最宝贵的生命！现在李先生为了争取民主和平而遭受了反动派的暗杀，我们骄傲一点说，这算是像我这样大年纪的一代，我们的老战友，献出了最宝贵的生命！这两桩事发生在昆明，这算是昆明无限的光荣！

反动派暗杀李先生的消息传出以后，大家听了都悲愤痛恨。我心里想，这些无耻的东西，不知他们是怎么想法，他们的心理是什么状态，他们的心怎样长的！其实简单，他们这样疯狂的来制造恐怖，正是他们自己在慌啊！在害怕啊！所以他们制造恐怖，其实是他们自己在恐怖啊！特务们，你们想想，你们还有几天？你们完了，快完了！你们以为打伤几个，杀死几个就可以了事，就可以把人民吓倒了吗？其实广大的人民是打不尽的，杀不完的！要是这样可以的话，世界上早没有人了。

你们杀死一个李公朴，会有千百万个李公朴站起来！你们将失去千百万的人民！你们看着我们人少，没有力量？告诉你们，我们的力量大得很，强得很！看今天来的这些人都是我们的人，都是我们的力量！此外还有广大的市民！我们有这个信心：人民的力量是要胜利的，真理是永远是要胜利的，真理是永远存在的。历史上没有一个反人民的势力不被人民毁灭的！希特勒，墨索里尼，不都在人民之前倒下去了吗？翻开历史看看，你们还站得住几天！你们完了，快了！快完了！我们的光明就要出现了。

我们看，光明就在我们眼前，而现在正是黎明之前那个最黑暗的时候。我们有力量打破这个黑暗，争到光明！我们光明，恰是反动派的末日！

现在司徒雷登出任美国驻华大使，司徒雷登是中国人民的朋友，是教育家，他生长在中国，受的美国教育。他住在中国的时间比住在美国的时间长，他就如一个中国的留学生一样，从前在北平时，也常见面。他是一位和蔼可亲的学者，是真正知道中国人民的要求的，这不是说司徒雷登有三头六臂，能替中国人民解决一切，而是说美国人民的舆论抬头，美国才有这转变。

李先生的血不会白流的！李先生赔上了这条性命，我们要换来一个代价。"一二·一"四烈士倒下了，年青的战士们的血换来了政治协商会议的召开；现在李先生倒下了，他的血要换取政协会议的重开！我们有这个信心！

"一二·一"是昆明的光荣，是云南人民的光荣。云南有光荣的历史，远的如护国，这不用说了，近的如"一二·一"，都属于云南人民的。我们要发扬云南光荣的历史！

反动派挑拨离间，卑鄙无耻，你们看见联大走了，学生放暑假了，便以为我们没有力量了吗？特务们！你们看见今天到会的一千多青年，又握起手来了，我们昆明的青年决不会让你们这样蛮横下去的！

反动派，你看见一个倒下去，可也看得见千百个继起的！

正义是杀不完的，因为真理永远存在！

历史赋予昆明的任务是争取民主和平，我们昆明的青年必须完成这任务！

我们不怕死，我们有牺牲的精神！我们随时像李先生一样,前脚跨出大门,后脚就不准备再跨进大门!

然而,这次演讲竟然成了闻一多"最后一次的演讲"。当天傍晚,闻一多回"联大"宿舍的途中,遭枪击身亡,时年不满48周岁。同时遭到枪击的还有闻一多的长子闻立鹤,他被射向父亲的子弹打成了重伤。

闻一多的死讯又加重了原来阴郁的气氛,各界人士都为闻一多的牺牲感到痛惜。第二天,《民主周刊》推出了最后一期,将闻一多在李公朴殉难经过报告会做的演讲起名《最后一次讲演》发表,并以红色的斑点在封面染撒,象征鲜血,表示内心的抗议和悲愤。

21日,西南联大校友会召开闻一多先生追悼会,朱自清出席并讲了话。他一开头便愤激地说:闻一多先生在昆明惨遭暗杀,激起全国的悲愤。这是民主主义运动的大损失,又是中国学术的大损失。

接着,他详细地叙说了闻一多在学术上的巨大贡献。首先告诉人们,闻一多是中国抗战前"唯一的爱国新诗人","也是创造诗的新格律的人","他创造自己的诗的语言,并且创造自己的散文的语言"。又详尽地介绍闻一多对神话、《楚辞》、《周易》、《诗经》等各方面研究的成就。他突出强调闻一多在学术上的伟大功绩,目的就

在告诉人们国民党反动派残杀了一个多么有价值的学者，摧残了中国学术界不可多得的人才！激起了人们对敌人更大的愤恨。最后他悲愤地说：他有着强大的生命力，常跟我们说要活到80岁，现在还不满48岁，竟惨死在那卑鄙恶毒的枪下！有个学生曾瞻仰他的遗体，见他"遍身血迹，双手抱头，全身痉挛"。唉！他是不甘心的，我们也是不甘心的！

朱自清暗下决心，一定要把闻一多的全部遗著整理出版，这是对敌斗争的一种方法。他在给学生王瑶写信说：一多先生之死，令人悲愤。其遗稿拟由研究所同仁合力编成，设法付印，后编成《闻一多全集》四卷。

朱自清曾写诗歌颂闻一多：

你是一团火，照彻了深渊；
指示着青年，失望中抓住自我。
你是一团火，照明了古代；
歌舞和竞赛，有力猛如虎。
你是一团火，照亮了魔鬼；
烧毁了自己！遗烬里爆出个新中国！

1949年8月，毛泽东同志在《别了，司徒雷登》一文中这样说道："我们中国人民是有骨气的。许多曾经是自由主义者或个人主义者的人们，在帝国主义者及其走狗国民党反动派面前站了起来。闻一多拍案而起，横眉怒对国民党的手枪，宁可倒下去，不愿屈服……表现了我们民族的英雄气概。"

闻一多纪念馆

闻一多纪念馆坐落在闻一多的故乡——湖北省浠水县城。

2001年6月,闻一多纪念馆被中宣部公布为第二批全国爱国主义教育基地。

纪念馆占地15亩,建设面积2000余平方米,仿古庭院建筑,古典园林环境。展览内容为铜像、序厅、《闻一多生平事迹简史》展、碑廊及其他景点。

主体工程是一座庭院式仿古建筑群。三栋平房和一栋二层楼被回廊连成一体,屋面为青筒瓦盖的凹盖的凹面大屋顶,廊顶是两旁镶红釉瓷面砖的水泥平台,其一段回廊凌架于一泓清澈见底的水池上,其池为闻一多故居前的"望天湖"之缩影,七个莲步、三眼喷泉点缀其间。回廊亦为碑廊,长约150米,墙上镶嵌了36块碑。前8块宽170厘米,高80厘米,凸出墙面1.5厘米,后28块每块宽60厘米,高约100厘米,凸出墙面1.2厘米,或单块或2至4块组合排列。其内容以毛泽东、周恩来等老一辈无产阶级革命家关于闻一多的唁电、悼词、挽联为主，还有当代领导和书法家为闻一多的题词或敬录闻一多的诗文。其碑文书艺，真草隶篆，纵横布局，风格各异，名家荟萃，琳琅满目。

主体工程的内院与前场均是被鹅卵石铺砌的曲径小道切割成不

规则的绿茵草地，各种花草争妍斗艳。前场正中，闻一多铜像巍然屹立在开阔的草坪上。像前一井一池，井为公元790年开掘的富有传奇色彩的"清泉井"；池为相传书圣王羲之曾来这儿习字的汰笔池——"羲之墨沼"。池上架了一座小桥，名叫"七曲桥"，15米之距，曲直有致，寓意闻一多短暂的一生是坎坷而曲折的，仿竹制护栏象征闻一多高风亮节，殷红的桥面隐喻了烈士用鲜血和生命铺就了一条通向革命胜利的光辉大道；池左侧是面积为350平方米的停车场，池右侧建有一栋别墅式的集住宿、餐饮、娱乐消闲为一体的综合服务楼；穿过香樟翠竹，便见相传陆羽曾品茗于兹的"陆羽茶泉"。外围是长400米，高3米的仿古围墙依山取势，跌宕生姿。整个纪念馆背倚风景秀丽的凤栖山，面临由西向东的浠水河，以素

雅的粉墙黛瓦、高低错落的建筑群依偎在青山绿水的怀抱之中。

《闻一多生平事迹图片展》有铜像、序厅、三个展厅。

进入纪念馆，映入眼帘的是闻一多全身铜像。铜像通高3.9米，身高2.5米，基座高1.4米，在开阔的草坪上巍然屹立，取闻一多拍案而起故事的主题塑成。

序厅坐落在铜像的正后方。由江泽民亲自题写的"闻一多纪念馆"6个大字在门首黑色大理石匾额上熠熠生辉。

进入序厅，迎面是气势磅礴的巨幅画作。画作以红烛群落为主，奔腾的烈焰变化为隐约可见的凤鸟，把凤凰涅槃寓意的崇高精神境界生动地勾勒出来；黑发蓬松、口衔烟斗、忧国忧民的闻一多侧身回首，神情泰然。

展厅总标题为"千古文章未尽才"，分六章介绍闻一多生平事迹，其内容为："风华少年，佼佼学子""华夏红烛一代诗骄""博古通今，学贯中西""拍案而起，血洒千秋""精笔书画，游心佳冻""人民英烈，永垂不朽"。

113

冰心：忠诚的爱国主义者

第四章

谢家第一个读书的女孩

冰心与20世纪同步降临，进入近代史上风烟滚滚又血泪交加的岁月。冰心，这位中国现代史上成就卓著的女作家，原名谢婉莹，青年时代发表小说，开始使用"冰心"为笔名，取"一片冰心在玉壶"之意。作为一名文学巨匠，她一生都在写关于爱的主题；作为一名优秀的儿童文学家，她给孩子们留下了很多充满温情的故事。

1900年10月5日，冰心出生于福州一个具有爱国、维新思想的海军军官家庭。父亲谢葆璋是一名巡洋舰上的青年军官。1895年中日甲午海战时，谢葆璋以"来远"舰上的枪炮二副直接参加了海战。海战中，"来远""靖远"两舰被日本海军"吉野"等4艘快速巡洋舰死死咬住。"来远"舰是这场海战中幸存的大清北洋海军军舰中受创

最重的，它带着满舰的弹痕驶回了旅顺港。第二年，"来远"舰在日本海军进犯威海时被击沉。谢葆璋在军舰爆炸的一刹那，跃入大海，泅到刘公岛，回到福州。

4年之后，清政府恢复北洋舰队。一向赏识谢葆璋的大清海军名宿萨镇冰急电，招他重返水师，出任"海圻"舰的副舰长。

1903年冬，北洋舰队又在烟台海军练营的基础上，建立了专门培养舰艇指挥官的烟台海军学堂，已经担任练营管带的谢葆璋被委任为首任监督（校长）。不出几年，在他治下的这所新的海军学校就超过了一些老牌海军学校，在清末四大海军学校中位列榜首，成为近代培养指挥官最多的海军学校。抗日战争期间，中国海军舰艇长中百分之八十以上都是该校毕业生。

冰心自7个月大，就跟母亲一起随着父亲职位的升迁、更迭不断地搬家。先是到上海，4岁时迁往山东烟台，此后便生活在烟台的大海边，长达7年。大海陶冶了她的性情，开阔了她的心胸，而父亲的爱国之心和强国之志也深深影响着她幼小的心灵。

父亲作为海军军官，曾到过英国、日本等几个国家，他曾十分愤慨地说："那时堂堂一个中国，竟连一首国歌都没有！我们到英国去接收我们中国购买的军舰，在举行接收典礼仪式时，他们竟奏一首《妈妈好糊涂》的民歌调子，作为中国的国歌。"

父亲带冰心到海边散步时，冰心为了逗起父亲的话锋，用手指着芝罘岛上的灯塔说："这小岛上的灯塔不是很好看吗？烟台海边就是美，不是吗？"父亲摇头慨叹道："中国北方海岸好看的港湾多的是，

115

何止一个烟台？……那些港口现在都不是我们中国人的，威海卫是英国人的，大连是日本人的，青岛是德国人的，只有，只有烟台是我们的，我们中国人自己的一个不冻港！……将来我们要夺回威海、大连、青岛，非有强大的海军不可。"

"只有烟台是我们的。"是父亲教育冰心爱国最生动、深刻的一课。父亲在将大海一般深沉的父爱给予女儿的同时，也将大海一般博大的情怀注入进她的性灵。冰心也由对父亲的爱和尊重而生出"一生对于军人普遍的尊重，军人在我心中是高尚、勇敢、纪律的结晶。关系军队的一切，我也都感到兴趣"。岁至耄耋，冰心依然自豪地说："我觉得在我的身躯里有军人之血。"

年轻的冰心最理想的人生追求是要做一名海上灯塔看守人，这一直是她"童年的梦"。在她的想象中，"看灯塔是一种最伟大、最高尚而又最有诗意的生活"。一方面，"晴朗之日，海不扬波，

我抱膝沙上,悠然看潮落星生。风雨之日,我倚窗观涛,听浪花怒撼崖石。我闭门读书,以海洋为师以星月为友,这一切都是不变与永久";另一方面,"晚上举着火炬,登上天梯",使"狂飙浓雾,海水山立"中的航海者,得以看到"一点高悬闪烁的光明"。这显然是一个与世隔绝又不失爱心的理想境界,它既有古代士人独善其身的影子,也有西方世纪末唯美主义的情调。

早慧的冰心,从听故事培养起读书的兴趣。6岁时,母亲生了弟弟,讲故事的职责就落到了舅舅身上,舅舅可谓开启她童年心智的蒙师。她7岁那年就囫囵吞枣一知半解地把《三国演义》看完了,继而是《聊斋志异》里边的人、鬼、狐、怪,"看得我有时欢笑,有时流泪,母亲说我看书看得疯了"。再大一点,又看了两部"传奇",《再生缘》《天雨花》。看《红楼梦》时,她没觉得有多好,当时还很野气的她,讨厌贾宝玉的女声女气和林黛玉的哭哭啼啼,尤其厌恶一家人竟勾心斗角,成了"乌眼鸡"。

与此同时,她还看了许多商务印书馆出版的"说部丛书",给她印象最深的是林琴南翻译的英国作家狄更斯的《块肉余生述》(后通译《大卫·科波菲尔》)。当读到可怜的大卫,从虐待他的店主家出走,去投奔他姨婆的旅途中饥饿交迫的时候,冰心一边流泪,一边掰着手里母亲给她当点心的小面包,一块一块地往嘴里塞,以证明并体会自己是幸福的!再后来,她又在表舅的指导下,系统地读了《诗经》《论语》《左传》以及唐诗和大量的新旧散文,如班昭的《女诫》和《饮冰室自由书》等。

辛亥革命后,冰心随父亲回到福州,住在南后街杨桥巷口万兴桶石店后一座大院里。这里住着祖父的一个大家庭,屋里的柱子上有许多的楹联,都是冰心的伯叔父们写下的。这幢房子原是黄花岗七十二烈士之一的林觉民家的住宅,林觉民出事后,林家怕受株连,卖去房屋,避居乡下,买下这幢房屋的人,便是冰心的祖父谢銮恩老先生。在这里,冰心1912年考入福州女子师范学校预科,成为谢家第一个正式进学堂读书的女孩。

1913年,谢葆璋去北京国民政府出任海军部军学司长,冰心随父迁居北京,住在铁狮子胡同中剪子巷。冰心过惯了在海边野性的日子,不适应北京陌生的新环境。因为她搬来时已错过开学的季节,只好待在家里闲晃。苦闷、烦躁的她,向舅舅提出了上学的要求。

1914年秋天,14岁的冰心在舅舅的带领下到贝满中斋去报名。这是一所教会学校,也是离她中剪子巷谢家最近的一所女子中学。

贝满中斋的校长是一位中年美国女教士,大家都叫她斐教士。她把忐忑不安的冰心领进一间教室,进行一次入学考试,写一篇题为"学然后知不足"的论说文。看到自己在家塾里早已做过的题目,冰心静下心来,不假思索,便一挥而就。斐教士心中暗暗赞叹:想不到这么个小姑娘竟能在这么短的时间写出这样好的文章,不光思维敏捷,文笔流畅,还能旁征博引,立意高远。斐教士不禁心悦诚服。就这样,冰心顺利地进入了贝满女中。

小冰心心花怒放,简直不敢相信自己就要成为令人羡慕的中学生了。当时能上中学对男孩子来说都不容易,更不用说女孩子了。贝满中斋在当时是很有名的新型女中,实行西式教育,全然不同于那种让学生死记硬背的中国传统私塾式教法，课程设置广泛而全面，有数学、物理、化学、地理、地质、中外历史、生物、英语、国文、音乐、体育等。4年下来，学生不仅能系统掌握现代科学的基本知识，还能对西方文化有一个整体的了解。

刚进入女中的一段时间，冰心并不适应，同学们拘谨、严肃的性格让她感到拘束，《圣经》课让她觉得枯燥无味，另外，算术课的内容又超过了她的知识背景太多，以至于第一次月考不及格，给了她很大的打击。

冰心个性很强，强烈的自尊心和荣誉感使她不甘落后。从这时起，她开始刻苦发奋学习，每天回家后，马上打开书包，趴在桌子上埋头做作业，然后还要复习和预习功课。功夫不负有心人，到第一学年结束，冰心就连平时最觉陌生乏味的《圣经》课和刚从ABC学起的英文课都得了95分以上。斐教士为这个外表温柔软弱而内心自尊倔强的女孩子感动了，暑假期间特请了一位数学老师给冰心补课，终于使她的数学成绩也赶了上来。

当时，有钱有地位人家的小姐，上新学多为赶时髦或附庸风雅，或为将来谋配一个如意郎君，为自立和就业而学的是少数。大都一等结婚，一切所学便随着少女时代的结束而湮没，完全靠着丈夫或家庭过起少奶奶、阔太太的安逸日子，与旧式妇女并无本质的区别，还是不能自己掌握命运。冰心打小就从父母那里学来女儿当自立自强的思想，应跟男孩子一样，也应该长大了就业。

冰心当时没想着要当作家，喜欢写作只是一种爱好，她的理想职业是当一名医生。小时候，母亲体弱多病，经常要请大夫。父亲白天因忙公务不在家，招呼大夫、递茶倒水全都是冰心的事。看中医不见效，父亲又请来了西医。冰心对着那些亮晶晶的医疗器械感到好奇，总喜欢跟医生打听听诊器、血压计的构造和用途。而母亲思想传统，不习惯这种需要听胸听背的诊断方法，尤其医生多是男的，很少女的，就更感不便。因此，冰心暗下决心，长大后一定要学医，做一个医术高明的医生，亲自为母亲看病。冰心把这个想法告诉了父亲，父亲很赞成，说："古人说不为良相，必为良医，不仅为你母亲，也要为全中国的百姓。你就学医吧，当个良医，再不让外国人说我们是东亚病夫。"

冰心对《圣经》课开始并不喜欢，一年级学的《列王纪》讲的是犹太国古王朝的历史，枯燥无味。二年级从《旧约》读到《新约》，冰心渐渐来了兴趣。她从福音书里了解到作为人的耶稣基督，只是一个穷木匠家的私生子，无权无势，却有那么多的人因他的德言善行而信仰他，追随他。最后他为了宣扬爱人如己的精神，被钉死在十字架上。这个活生生的形象，有血有肉，一点儿不抽象，不仅令人同情，还十分可敬。冰清玉洁的善良天性和对文学形象的敏感偏爱，便因着基督教义的影响，潜隐形成了冰心自己"爱"的哲学。

冰心的文学禀赋是在读《圣经》时得到释放和升华的。她是个爱思考的孩子，《圣经》中充满哲理的故事和优美的诗歌，使她不禁为其超绝的美的意境和神圣庄严的宗教奥义，以及光明奥妙的彼岸世界所感动。她将这些稚嫩而纯真的情感记录，抒写成自己最早的诗歌习作。冰心在正式登上文坛以前，已写了大量的宗教抒情诗。这些诗有对宇宙、自然尤其是上帝的赞美，表现出对造物主无限伟大的虔敬。也有对耶稣事迹的吟咏，赞美耶稣作为普通人"自我"受苦遭难的一生和作为"救世主"忧思人类的伟大"爱"的人格。少女冰心已在感悟和思考宇宙、自然和生命的奥秘了，其实，这种空灵的感悟和宁静的思考一直贯穿在冰心一生的文学创作中。

女中生活是丰富多彩的。冰心从来不是那种死读书、读死书的学生，她除了腻烦占用星期天上查经班做大礼拜的做法，总是乐于参加一些集体、课外活动。庆祝贝满中斋建校50周年的体操表演，骑着毛驴上西山卧佛寺过夏令营，都给她留下终生难忘的印象。参加文学会，使她克服了害羞胆怯的毛病，锻炼得面对大庭广众，能从容镇定地读报、演说和辩论，再也不紧张了。

冰心在中学时完全重理轻文，以致舅舅生怕数理化会拐跑了她原有的灵气，还亲自制定了一项挽救冰心的"全面发展淑女教育工程"，教她学琴棋书画。但冰心的兴趣全不在这上面，好在她在诗歌上有些灵气，才算没让舅舅太失望。

冰心的中学时代正值中国近现代史风云变幻的岁月。1915年，日本向袁世凯政府提出灭亡中国的"二十一条"，后袁世凯称帝，其间爱国运动更是声势汹涌。冰心从小就受父亲爱国思想的熏陶，见到国家危难，满怀悲愤，她和学生们冲出校门，走上街头，举行示威游行和募捐活动。在人群中，冰心以15岁青春激昂的声音，喊出"反对袁世凯复辟！""坚决取消二十一条！""抵制日货！""打倒日本帝国主义！"

冰心回到家，正看见父亲默默地在书房墙上贴着一张白纸，上面是横写的"五月七日之事"六个大字。这又是一个国耻日！想想中国近代史上已经有太多的国耻日，要是再不图强救国，等到亡国的那一天，以后每个日子都会变成国耻日。冰心和父亲心里无比沉痛，父女俩眼含热泪，久久地站在这面横幅下，互相勉励，永远不忘这个国耻纪念日。

在全国人民的一片反对声中，袁世凯终于下台，校园暂时恢复了平静。1917年暑假，冰心和一些同学参加了女青年会在西山卧佛寺举办的夏令会。开会回来，北京正处于张勋复辟的前夕，谣言四起，甚嚣尘上，冰心父亲决定让妻子和儿女回烟台暂避一时。复辟的丑剧，从1917年7月1日起，只演了12天，冰心很快就回到北京，继续上学。

1918年的夏天，冰心以全班最高分的好成绩从贝满中斋毕业。按照学校传统，她代表全班编写了辞师别友歌词，并在毕业会上做告别演说。全班18个毕业生有14个因是从各教会中学升上来的，都回母校教书了，只有冰心等4人升入协和女子大学预科。

冰心晚年在回忆中学时代的生活时写道："的确的，在我十几年海内外的学校生活中，也就是中学时代，给我的印象最深，对我的性格影响也最大。"

超越的爱

协和女子大学的校址本是清朝的佟王府，冰心进校门的第一天就看见由当时女书法家吴之瑛女士写的"协和女子大学校"金字蓝地花边的匾额挂在大门前。走进二门，由王府前三间大厅改成的大礼堂的长廊下，开满的一大片猩红玫瑰花映入了她的眼帘，由此她就一辈子爱上了玫瑰花，她觉得玫瑰不仅艳冠群芳，而且有风骨。她在1921年写的《我＋基督＝？》一文里这样盛赞玫瑰："只有玫瑰自己有它特具的丰神，因此笼盖在光明底下的时候，它所贡献的，是别的花卉所不能贡献。"

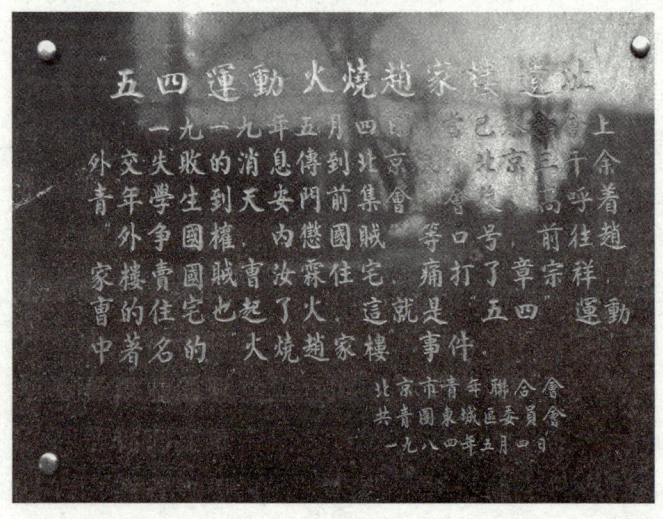

冰心一心一意想学医，就选了协和女子大学的理预科。因对数理化十分用功，成绩也好。而中文课老师多半是前清的秀才和举人，讲的净是她早就熟读过的古文，且讲来十分无趣。

在理预科过了大半年紧张、严肃、止水般静寂的日子，她一下子被卷入了高张民主与科学大旗的五四运动。她晚年在《我的第一篇文章》一文里回忆说："我在五四以前，做梦也不会想到我会以写作为业。"那时，她是学校学生自治会的一名文书，被派去参加北京女学界联合会的宣传组。正值北洋政府的法庭公审被捕的"火烧赵家楼"的学生，她那个组刚好被派去旁听并作记录。大律师为学生所做的慷慨陈词的辩护，赢得阵阵掌声。从法庭回来，组长让她把听审的感想写下来，自己找个报纸发表，以扩大宣传。

冰心把写好的文章寄给比自己大20岁的表兄、《晨报》的编辑刘放园。这样，她真正意义上的文学处女作《二十一日听审的感想》就发表在1919年8月25日的《晨报》上。从这时起，放园表兄常给她寄刊物看，像《解放与改造》《中国少年》等等，并鼓励她多写。她自己也订阅了《新青年》《新潮》等报刊，阅读和写作的兴趣大增。没过多长时间，以冰心署名的第一篇小说《两个家庭》问世了。

五四运动的一声惊雷，将她"震"上了写作的道路。之后所写的《斯人独憔悴》《去国》《秋风秋雨愁煞人》等"问题小说"，突出反映了封建家庭对人性的摧残、面对新世界两代人的激烈冲突以及军阀混战给人民带来的痛苦。由于作品直接涉及重大的社会问题，产生了很大影响。

因参加运动，又开始写东西，耽误了许多理科实验。敷衍读完两年理科，冰心索性转入了文科。这一来，功课倒轻松了。

1920年，协和女子大学同通州潞河大学和北京协和大学合并成燕京大学，校长是司徒雷登，协和女子大学改称"燕大女校"。

1921年，冰心以一个青年学生的身份加入了当时著名的文学研究会。她的创作在"为人生"的旗帜下源源流出，发表了引起评论界重视的小说《超人》，引起社会文坛反响的小诗《繁星》《春水》，并由此推动了新诗初期"小诗"写作的潮流。这时期的作品多围绕着母爱、童心、对人生的感悟和自然四大主题,构筑了冰心思想内核"爱的哲学"。

《超人》写于五四运动落潮期,发表在1921年4月份出版的《小说月报》第12卷第4号上。《超人》是一篇别开生面的短篇小说,充溢着人与人之间的真情,特别是那种人人都亲身感受过的伟大而无私的母爱,甚至有些读者读过后"不禁哭起来了"。

小说主要讲述的是一个冷心肠的青年何彬在开始的时候对一切都很排斥,拒绝交际,后来由于深夜被一阵惨淡的呻吟所困扰,出钱给他看病,最后被病人即小朋友禄儿的行为感化,从此改变了自己对世界、对人生的看法的故事。

看似一个简单的人前后转变的过程,却契合了五四青年那时的愿望和要求,引起了五四青年的激动,因为超人与他们太相像。《超人》引发了一个时代青年的觉醒,正是冰心文字的力量所在,温水柔情的笔调,满怀爱心的期望,揭示了时代的问题,担忧青年的前途。超人本非超人,他们有太多的苦闷、无奈,找不到人生的方向。冰心相信人世间总有一种爱能帮助他们,而这恰是冰心《超人》的成功之处。

《超人》可算作问题小说,提出青年何彬的心为何那样冷,又如何转热。它标志着冰心正式高举爱的旗帜,在提出与社会、人生有关的问题时,力图用爱来解答,增添了抒情和哲理色彩。

《繁星》是冰心第一部诗集,出版于1922年北京的《晨报》,由164首小诗组成。冰心一生信奉"爱的哲学",她认为"有了爱,便有了一切"。在《繁星》里,她不断唱出了爱的赞歌。她最热衷于赞颂的,是母爱。除了挚爱自己的双亲外,冰心也很珍重手足之情,她爱自己的3个弟弟。她在后来写作的一篇散文《寄小读者》《通讯十三》里,还把3个弟弟比喻成3颗明亮的星星。冰心赞颂母爱,赞颂人类之爱，赞颂童心，同时她也赞颂大自然，尤其是赞颂她在童年时代就很熟悉的大海。歌颂大自然，歌颂童心，歌颂母爱，成为冰心终生创作永恒的主题。

《春水》是《繁星》的姐妹篇，由182首小诗组成。同样是在《晨报副镌》上最先发表，不过《春水》的问世要比《繁星》晚3个月。在《春水》里，冰心虽然仍旧在歌颂母爱，歌颂亲情，歌颂童心，歌颂大自然，但是，她却用了更多的篇幅，来含蓄地表述她本人和她那一代青年知识分子的烦恼和苦闷。她用微带着忧愁的温柔的笔调，诉说着心中的感受，同时也在探索着生命的意义和表达着要认知世界本相的愿望。

《繁星》和《春水》的诗歌兼有散文和诗的特点，形式是散文，内涵充满着诗的情趣，但又不受诗音节、韵律的约束，可以自由灵活地抒发诗的情思。《繁星》和《春水》的内容十分宽泛。有对青年努力学习、珍惜青春、展望未来的鼓励；有对青年解放思想、反抗斗争、迎接生活的风浪的激励；有对大海、春光、大自然的景物的赞美；有对故乡、童年的欢乐、父母之爱、手足之情的眷念；有对人生、光阴流逝、生命短暂的咏叹；有对烦闷、忧愁、孤寂的品味等。

书中的这些诗歌虽然因为短小，而被冰心称作"零碎的思想"，但是却有一条鲜明的线索贯穿其中，那就是"爱"的哲学。冰心诗中的"爱"的哲学，包括母爱、童真、自然爱等，平凡的母爱让冰心感受到了母爱是人生"唯一可靠的避难所"，对童真的歌颂是诗人另一种爱的心情的独白，而大自然则是冰心心灵的栖居之所，是她精神的母亲，爱自然与母爱一脉相承。

沈从文《论中国创作小说》对冰心的评价："十年来在创作方面，给读者的喜悦，在各个作家的作品中，还是无一人能超过冰心女士。以自己稚弱的心，在一切回忆上驰骋，写卑微人物如何纯良具有优美的灵魂，描画梦中月光的美，以及姑娘儿女们生活中的从容，虽处处略带夸张，却因文字的美丽与亲切，冰心女士的作品，以一种奇迹的模样出现，生着翅膀，飞到各个青年男女的心上去。"而且，她"所写的爱，乃离去情欲的爱，一种母性的怜悯，一种儿童的纯洁，在作者作品中，是一个道德的基本，一个和平的欲求"。

　　冰心的爱的哲学，也不时招来批评。蒋光赤直接指明："冰心女士真是个小姐的代表！""若说冰心女士是女性的代表，则所代表的是市侩性的女性，只是贵族性的女性！"并说"我们现在所需要的文学家不是这样的！"对比来看，对文学作品评价一向苛刻的陈西滢，倒显得温和许多，他在《西滢闲话》里评价冰心的第一部小说集《超人》说："大部分的小说，一望而知是一个没有出过学校门的聪明女士的作品，人物和情节都离实际太远了。可是里面有两篇描写儿童的作品却非常好。"丁玲

也曾带点揶揄地说冰心只感染了一点点五四的气氛,没能真领五四的精神,所以她在爱的哲学上也做不出什么文章来,但她的"文章的确是流丽的,而她的生活趣味也很符合小资产阶级所谓优雅的幻想。她实在拥有过一些绅士式的读者和不少小资产阶级的少男少女"。

王瑶在《新文学史稿》里说:"她不愿意停留在她最初所留意的'问题'里,现实太丑恶了,她的中庸主义只能给问题以抽象的解答,她逃入了理想,逃到母亲的怀里。她在温暖的家里感到了'爱',而在社会现实里感到了'憎',她企图用'爱'来温暖世界,自然就和实际世界隔离了。"

在冰心心目中,人类以及一切生物的爱的起点,源自母亲的爱。所以,归根溯源,母爱主题是她爱心哲学的基点。她说:"有了母爱,世上便随处种下了爱的种子,……万物的母亲彼此互爱着,万物的子女彼此互爱着,……宇宙间的爱力,从兹千变万化的便流转运行了。"

女人是爱的化身,"叫女人不'爱'了吧,那是不可能的!上帝创造她,就是叫她来爱,来维持这个世界。"其实,对冰心来说,母爱毋宁就是孕育一切生命的上帝。《新约·约翰福音》中说:"万物是藉着他造的,凡被造的,没有一样不是藉着他造的。"她眼里的宇宙是充满母性温情的,造物主不仅天赋人以爱性,也把爱赋予宇宙间一切的物种,"你看母鸡、母牛甚至于母狮,在上帝赋予的爱里,她们是一样的不自私,一样的忍耐,一样的温柔,也一样的奋不顾身的勇敢"。"茫茫的大地上,岂止人类有母亲?凡一切有知有情,无不有母亲。""造物者真切的在我面前,展开了一幅完全的'宇宙之爱'的图画。"

简言之,冰心的母爱主题来自《圣经》,她将抽象的似乎遥不可及的上帝之爱,转化为血肉可感、挚情可亲的母爱。因为母亲同上帝一样，是宇宙万物的造物者，她不单是人类之母，也是自然之母，"我们都是自然的婴儿，卧在宇宙的摇篮里"。

1923年，冰心由于学习成绩出众，得到威尔斯利大学授予的两年奖学金，攻读硕士学位。出国留学前后，开始陆续发表总名为《寄小读者》的通讯散文，成为中国儿童文学的奠基之作，20岁出头的冰心，已经名满中国文坛。

死生契阔，与子成说

1923年8月17日下午，美国邮船杰克逊总统号载着一大批中国的精英，驶离上海黄浦码头。这些精英多来自清华。那时的清华无疑就是一所留美预备学校，高等科的学生大都一毕业，便成批结伴"放洋"。刚从燕京大学毕业的冰心，是第一次离家远足，同行的人中只有许地山和陶玲两人相熟。为排解思乡离愁的别苦，他们常在一起栏前极目远眺，观海上日出，望粼粼碧波，或到甲板上散步、集会、玩抛沙袋等游戏。

冰心对相伴左右的许地山始终以师长相待。她应感觉得到他对她的暗恋，尽管她对他也很有好感，却早有声言，一不嫁军人，二不嫁文艺同人。

不知是因为感到情缘未到，还是对冰心的有意回避有所察觉，许地山始终把深沉的爱恋埋在心底，未加表白。但他希望自己心爱的人找到真正的幸福。正是他一次"阴差阳错"的热情相助,牵引出冰心日后的爱情。

一日,正在甲板上玩抛沙袋游戏的冰心想起先她赴美的贝满中学同学吴搂梅的信,说她弟弟吴卓是本届清华毕业生,可能同船出国,望给予关照。冰心和清华男生不熟,到舱中找人又多有不便,只好求助许地山去把吴先生找来。孰料一班有两位吴先生,吴文藻与吴卓同班,此吴非彼吴,许地山误把吴文藻找来。

虽然找错了人,但毕竟同为中国留学生,于是冰心邀请吴文藻一起玩游戏。玩累了游戏,两人靠着栏杆聊起天来。吴文藻是去达特默思学院读社会学,冰心是去威尔斯利女子大学研究院,准备选修一些研究19世纪英国诗人的课。谈话中,当吴文藻得知冰心有几本英美研究拜伦和雪莱的重要论著没有读过,便一本正经地说:"这么重要的书你都没看过?你如果不趁在国外的时间多看一些课外书,这趟美国就白来了。"

这样逆耳的忠言,冰心还从没有听过。出国前,她已出版了诗集《繁星》《春水》和小说集《超人》,是人们在一见面就要"久仰"的才女,面对这样坦率的进言,她着实有点下不了台,但心里已把吴文藻作为第一个诤友、畏友。

9月1日,杰克逊总统号抵达西雅图,船上相识的留学生们互相留个便于日后联系的地址,就各奔西东了。

刚刚安顿下来,冰心就收到一打新朋友们的来信,多是报安问候,也有表敬仰之意,甚至爱慕之情的。冰心则一律以秀美的威校风景明信片礼貌地应酬几句作复。独独对吴文藻,却专门写了一封热情的回信。"心有灵犀一点通",吴文藻觉出冰心的来信似乎隐含着某种难以言说的意味,便开始以他特有的书痴方式传递爱的信息了。他为冰心买来认为必读的书,自己先看,并用红笔将他认为书中的重要部分或精彩篇章画出来,再写信告诉冰心,这书应该读,若没时间,起码应该读红笔标出的部分,最后将书信打包,快件寄往威尔斯利。

一来二往，吴文藻以他自己的独特方式和本真色彩，赢得了冰心的好感。于是，两个出身不同、经历相左、性格迥异的年轻人，在异国他乡的共同话题越来越多。

威校校园十分优美，人才辈出，曾培养出中美两国"第一夫人"（宋美龄和希拉里·克林顿）。冰心对威校的环境十分喜欢，特别是校园中的 Lake Wabsn（通译为韦班湖，冰心将其译为"慰冰"）和宿舍 Beebe Hall（冰心译为"闭壁楼"），更是触动了她年少时关于海的记忆和对亲人的思念。于是，她在慰冰湖畔履行承诺，继续向国内的小朋友倾诉她在异国他乡的思乡之情，这些挥之不去的乡愁和海外见闻，日后结集为《寄小读者》。冰心出国前夕，弟弟们要她将远行的一切写信告诉他们，以慰他们的思念之心。在《晨报·儿童世界》做编辑的表哥刘放园，又约冰心将旅途与海外见闻记下来，刊在他编辑的刊物上。因此，冰心从北京出发前往上海乘船的途中，就开始了《寄小读者》的写作。《寄小读者》主要记叙了冰心赴美留学旅途的见闻和在异国的生活。通过对"花的生活，水的生活，云的生活"娓娓动听的描写叙谈和往事的回忆追述，表达了她深挚的爱国心曲。《寄小读者》最初题名为《给儿童世界的小读者》，在国内写有 6 篇，除阐明与小朋友通讯的动因及一只小鼠的故事外，主要记叙了赴美从北京乘火车到上海之间的所见所感。第七篇是从上海换乘邮船后的感怀与见闻，她自称为"算是沿途书信的小序"。

入威校不到 9 个星期，冰心因吐血住进了青山沙穰疗养院，与病友们一起度过了难忘的圣诞平安夜。碰巧吴文藻要去纽约，路经波士顿与清华同学集会，听到冰心生病的消息，便约了顾一樵等几位船上结识的朋友，专程来探望她。吴文藻劝冰心要听医生的话，好好休养，使她的心里充满了暖意。

吴文藻回到达特默思后,来信向病中的冰心问安,并祝福她早日康复。与此同时,他一头扎进书堆里,对达尔文的进化论观念和罗素的社会思想尤其服膺。基于此,他还应闻一多、梁实秋等好友的邀请,前往芝加哥参加了实行国家主义为主旨的"大江会",致力于社会改造和国家民族的振兴。

沙穰疗养院风景优美,又正值隆冬时节,银装素裹,分外娇柔,冰心心情渐好,开始和病友出门活动,散步、滑雪,夜深人静,她又开始了行云流水般的写作。先后创作了小说《悟》、散文《山中杂记》等。半年的疗养,冰心虽尝到了身体虚弱的不便、寒冷刺骨的艰辛,但无拘束的自由活动与读书,在病中沐浴到人间的"爱与同情",却使她铭心刻骨,久久难忘。她在《寄小读者·十九》中深情地写道:"爱在右,同情在左,走在生命路的两旁,随时撒种,随时开花,将这一径长途,点缀得香花弥漫,使穿枝拂叶的行人,踏着荆棘,不觉得痛苦,有泪可落,也不是悲凉。"

1924年7月5日,冰心离开沙穰疗养院,受到了英

语老师鲍贵思父母的热情款待,并在她们的家里住过一段时间。秋季开学后,重返威校的冰心受到了导师露密斯的悉心指导,在波士顿就读的梁实秋等同学也常来看她。出于礼节,闲暇时冰心又到波士顿回访。一来二往,梁实秋改变了冰心为人冷漠的印象,觉得她只是"对人有几分矜持"罢了,而其"胸襟之高超,感觉之敏锐,性情之细腻,均非一般人所可企及"。

1925年,沈宗濂提议为弘扬中华民族的传统文化,将高明的《琵琶记》由顾一樵改成适合美国演出的剧本,再由梁实秋译成英文彩排上演。其中梁实秋演蔡中郎,顾一樵演牛丞相,冰心演丞相之女。

在波士顿美术剧院公演前夕,冰心给已有好感的吴文藻写了一封信,邀请他来波士顿看自己的演出。此时,冰心与吴文藻已有一年多未曾谋面,随着书信往来日益增多,吴文藻的憨厚、细心与整洁,连同他对自己专业的执着,渐渐地溢满在冰心的大脑中,时不时地涌出一种思念与谋面的渴望。收到信的吴文藻犹豫起来,他喜欢这位气质高贵、性情文雅的少女,也读懂了她的芳心,但一想到自己出身寒微,冰心又有那么大的名气,将来能否和谐地生活在一起,实在是个未知数,就回信说自己学业太忙,不能前来捧场,为此抱歉!可就在《琵琶记》上演的那个晚上,吴文藻准时赶到了波士顿美术剧院。冰心喜出望外,她相信这只能是爱的力量使情缘得以延续。

美国大学研究院规定,研究生取得硕士学位,除母语外,必须掌握两门外语。冰心决心在留学的最后一个暑假,到位于纽约州东部绮色佳小城的康奈尔大学补习法语。巧的是,吴文藻也来这里选修第二外语。两人可谓有缘。

景致幽深、风光旖旎的绮色佳为两人的热恋筑起了甜蜜的归巢。林间漫步,湖中荡舟,泉边留影,月下私语,沉浸在诗意恋爱里的这对男女被富有激情的幸福感包围了。吴文藻以当时西方的求爱方式问冰心:"我们可不可以最亲密地永远生活在一起?"并表示希望做她的终生伴侣。冰心当时心里非常甜蜜，但还是说要考虑一下。第二天，她告诉文藻，自己的婚事得父母同意后方能确定。其实，她心里清楚，只要自己愿意，最疼爱她的父母当然会同意。

1926年夏，冰心从威校获得硕士学位，拒绝了许地山为她联系好上英国牛津大学继续深造的好意，应司徒雷登校长的邀请回母校燕大任教。吴文藻则决定留下来攻读博士学位。冰心离美回国前，吴文藻尊重她的意愿，给她父母写了一封长信，并附了一张相片，叫冰心带回给她父母。他希望通过这封情真意切的信说服冰心父母，同意将冰心许配给他。

吴文藻的信是竖排写的，字斟句酌，言辞恳切，堪称妙文。信的抬头写道："谢先生、太太：请千万恕我用语体文来写这封求婚书，因为我深觉得语体文比文言文表情达意，特别见得真诚和明了。"当时，老一辈的人仍然喜欢文言，吴文藻开篇即表明，自己用白话是出自真诚，也据此向未来的岳父母表明自己在国外接受了新的思想和观念。赓即阐释一番自己对爱情与婚姻的看法："求婚乃求爱的终极。爱的本质是不可思议的，超于理性之外的。先贤说得好：'道可道，非常道。名可名，非常名。'我们也可以说，爱是一种'常道'或是一种'常名'。换言之，爱是一种不可思议的'常道'，故不可道；爱又是超于理性之外的'常名'，故不可名。我现在要道不可道的常道，名不可名的常名，这其间的困难，不言自明。"

接着，吴文藻赞美冰心"是一位新思想旧道德兼备的完人"。她的婚恋观，如宗教般神圣；而他自己也不失表明，"爱了一个人，即永久不改变"，即"为不朽的爱了"。经过这些铺垫后，吴文藻对老人安慰道："令爱……她虽深信恋爱是个人的自由，却不肯贸然独断独行，而轻忽父母的意志……令爱主张自己选择，而以最后请求父母俯允为正式解决，我以为这是最健全而圆满的改良方针，亦即是谋新旧调和最妥善的办法。这就是我向二位长者写这封求婚信书的理由。"随后,吴文藻向未来的岳父母尽情地描述他对冰心的爱,热烈而深挚,行文也随之神采飞扬:"我自知德薄能鲜,原不该钟情于令爱。可是爱美是人之常情。我心眼的视线,早已被她的人格的美所吸引。我激发的心灵,早已向她的精神的美求寄托……我由佩服而恋慕,由恋慕而挚爱,由挚爱而求婚,这其间却是满蕴着真诚。"接着,他向两位老人请求接纳他,并发愿道:"我誓愿为她努力向上,牺牲一切,而后始敢将不才的我,贡献于二位长者之前,恳乞您们的垂纳!"吴文藻也知道,他与冰心能结百年之好,全待二位长者"金言一诺"。如果不能"贸然以令爱付诸陌生之人",也恳请他们"愿多留观察的时日,以定行止,我也自然要静待候命"。在信的最后,吴文藻精神高度紧张,他写道:"我这时聚精会神的程度,是生来所未有的。我的情思里,充满了无限的恐惶。我一生的成功或失败,快乐或痛苦,都系于长者之一言。"

这封堪称千古一绝的"求婚书",文辞哲思俱佳,分寸感极强,使冰心父母知道了他们的女儿与吴文藻的感情已非同一般,业已融为一体,不可分离。

1929年2月,吴文藻回国。回来的当晚,吴文藻就将一枚精致的钻戒送给冰心,希望她戴上,冰心让吴文藻先别急。冰心的家此时已搬往上海,两人遂乘车南下,在最后征得父母的同意后,冰心才戴上了那枚漂洋归来的钻戒。

1929年6月15日,冰心与吴文藻的婚礼在未

名湖畔的临湖轩举行。临湖轩是冰心起好名，请胡适书写的。婚礼由司徒雷登主持。洞房选在清幽的西山大觉寺。暑假，新婚夫妇南下省亲，冰心的父母在上海、吴文藻的父母在家乡江阴又各为他们置办了婚宴。

重返北平，冰心和吴文藻住进了整修好的燕南园60号小楼，两人终于有了自己温馨的家，完全沉浸在事业与爱情同步发展的欢乐颂中。

唯一令冰心难过的是母亲的病故，冰心顿感人生极短，生前应尝尽温柔，"只愿我能在一切的爱中陶醉，沉没。这情爱之杯，我要满满的斟，满满的饮。……人生本质是痛苦，痛苦之源，乃是爱情过重。但是我们仍不能饮鸩止渴，仍从人生痛苦之爱情中求慰安。何等的痴愚呵，何等的矛盾呵！"

吴文藻在燕大社会学的讲坛上实现着他"社会学中国化"的梦想。任教一年后，他即被聘为教授，随后不久出任社会学系主任、法学院院长，安然过上了书呆子生活。3个孩子相继出世，纤弱的冰心撑起一个家，她要教书、写作，同时又要做"相夫教子"的家庭主妇。冰心与文藻的琴瑟和鸣产生出强大的亲和力，燕南园60号小楼是3个孩子健康成长的伊甸园，也是各方朋友的沙龙。时间久了，两人各自的同学、学生或朋友都成了共同的知己，像巴金、老舍、沙汀、顾一樵、梁实秋、孙立人、潘光旦、费孝通、雷洁琼、郭绍虞、俞平伯、郑振铎、钱玄同等。海伦·斯诺称他俩是"中国青年婚姻的楷模"。

"把春天吵醒了"

"七七事变"以后，日本侵略者发动了全面侵华战争。燕大的旗杆上飘起了星条旗，这是司徒雷登的一番苦心，试图在战争的阴云下保留一片圣洁和宁静。但日军的炮火击碎了吴文藻"社会学中国化"的梦想,民族心深厚的冰心和吴文藻,无法在国家危难关头去接受星条旗的庇护。冰心随吴文藻远赴昆明云南大学,筹建社会学系,继续实践他"社会学中国化"的计划。吴文藻在云南期间为中国社会学的发展所作出的卓越贡献,得到了国内外学者的关注和称誉。

冰心将他们安在昆明近郊一祠堂里的家起名"默庐",家庭的一切开支全由吴文藻一人支撑。这时的冰心越来越佩服这位"傻姑爷",他"很稳,很乐观,好像一头牛,低头苦干,不像我的sentimental(多愁善感)"。

1940年冬,冰心、吴文藻到了重庆,先蛰居在顾一樵的"嘉庐",不久即搬入歌乐山中的"潜庐"。吴文藻进入了国防最高委员会参事室,想以从政的便利追求他"社会学中国化"的理想。冰心也当过一阵子女参政员和联合妇女抗日"妇女指导委员会"委员,直接参加抗日工作。"我们是疲乏,却不颓丧,是痛苦却不悲凉,我们沉默地负起了时代的使命。"

吴文藻正是在此时提出了建立"边政学"的理论命题,冰心也在重庆的"忙"与"挤"中写出《关于女人》的名作。后来冰心辞去政职,幽居歌乐山中专事写作。为了节省开销,她还在"潜庐"门口种了南瓜。他们晚上往往吃稀饭,孩子们每顿都抱怨没肉吃,却从来不亏待上山来的朋友们。冰心常嘲笑吴文藻是"朋友第一,书第二,女儿第三,儿子第四,太太第五"。

抗战胜利后,两人回到北平。他们8年前的家,现时已是一片狼藉,吴文藻存放在阁楼上的几十盒笔记、教材、日记本、在美时与冰心长达6年的通信,早已荡然无存。太平洋战争一爆发,日军就占领了燕京大学,燕园住满了宪兵,吴文藻的书房竟变成了拷问教授的刑室。但令他们高兴的是,见到了劫后余生的司徒雷登。冰心答应，要将他的经历写下来。

不久，冰心和吴文藻随国民政府驻日代表团前往东京，他们一心想的是为战后的国家和民族争取权利与地位，

呼唤世界和平，要人们用爱与同情，用基督伟大的爱心和博爱精神去疗救战争给心灵造成的巨大创伤，"他（耶稣）憎恨一切以人民为对象的暴力，但对于自己所身受的凌虐毒害，却以宽容伟大的话语祷告着说：'愿天父赦免他们，因为他们所做的，他们自己不知道。'"

1951年，两人辗转回到北京。此时的北京呈现出了新的气象。周恩来安排他们住在崇文门内洋溢胡同的一所四合院。冰心脱下穿了几十年的旗袍，改穿列宁装；吴文藻也由西装变成中山装，认真阅读毛泽东著作，以求在新社会更好地发挥他的学术专长。冰心很快就与新社会的文艺方针合拍，表示要"到工农兵群众中去，到火热的斗争中去"。吴文藻却面临着一种尴尬，所有的大学都取消了社会学系，而由政治学替代。他被分配到新成立的中央民族学院，开始了民族学研究。

不久，他们住进了中央民族学院教工宿舍一个仅有三居室的单元房。但他们没有丝毫的抱怨，冰心由衷地感到"做一个毛泽东时代的中国人的幸福与骄傲"。她发表大量作品，歌颂祖国，歌颂人民的新生活。她说："我们这里没有冬天"，"我们把春天吵醒了"。

1958年4月，吴文藻被错划为"右派"，剥夺了教研的权利，

除了接受批判，进行政治学习，就是去工厂、农村参观。他的罪名中有一条是"反党反社会主义"，这让他感到迷茫和疑惑："他若是反党反社会主义，就到国外去反好了，何必千辛万苦地借赴美的名义回到祖国来反呢？"但他终于还是认识到是自己坚持的资产阶级理论错了，并把马列主义作为改造世界观的强大思想武器，冰心自然高兴吴文藻的思想进步得这样快。到1959年12月，吴文藻摘掉右派帽子。

"文革"时期，两人被看成牛鬼蛇神，历经劫难。直到在生命即将进入八十之秋的时候，两人才重新获得自由。他们搬入了新居。吴文藻又开始带研究生，重新执笔撰写论文，焕发出迟暮的学术活力。1985年9月24日，吴文藻辞世。冰心在一年以后写成《我的老伴吴文藻》，深情地回顾了他们忠贞精诚相爱、患难与共的62年人生旅程。谈到他们的晚年生活，她动情地写道："他的也就是我们的晚年，在精神和物质方面，都没有感到丝毫的不足。要说他85岁死去更不能说是短命，只是从他的重建和发展中国社会学的志愿和我们的家人骨肉之间的感情来说，对于他的忽然走开，我是永远抱憾的！"

冰心愿将她和文藻的骨灰合葬，在他们的骨灰盒上只写：

江苏江阴吴文藻
福建长乐谢婉莹

她说："等我死后，我们的遗骨再一同投海，也是'死同穴'的意思吧！"

中国共产党十一届三中全会之后，祖国进入新的历史时期，冰心迎来了奇迹般的生平第二次创作高潮。她不知老之将至，始终保持不断思索、永远进取、无私奉献的高尚品质。

1980年6月，冰心先患脑血栓，后骨折。病痛不能令她放下手中的笔。她说"生命从八十岁开始"。她当年发表的短篇小说《空巢》，获全国优秀短篇小说奖。接着又创作了《万般皆上品……》《远来的和尚》等佳作。散文方面，除《三寄小读者》其数量之多，内容之丰富，创作风格之独特，都使得她的文学成就达到了一个新的境界，出现了一个壮丽的晚年景观。年近九旬时发表的《我请求》《我感谢》《给一个读者的信》，都是用正直、坦诚、热切的拳拳之心，说出真实的话语，显示了她对祖国、对人民深沉的爱。她身体力行，先后为家乡的小学、全国的"希望工程"、中国农村妇女教育与发展基金和安徽等灾区人民捐出稿费十余万元。她热烈响应巴金建立中国现代文学馆的倡议，捐出自己珍藏的大量书籍、手稿、字画，带头成立了"冰心文库"。冰心作为民间的外交使者，经常出访，足迹遍布全球，把中国的文学、文化和中国人民的友好情谊带到世界各个角落。她为国家的统一和增进与世界各国人民的友好往来，做出了卓越贡献，她是我国爱国知识分子的光辉典范。

1992年12月24日，全国性的社会学术团体冰心研究会在福州成立，著名作家巴金出任会长，此后开展了一系列的研究和活动。

为了宣传冰心的文学成就和文学精神，由冰心研究会常务理事会提议，经中国共产党福建省委和省政府批准，在福建省文联的直接领导下，在冰心的故乡长乐建立冰心文学馆。内设大型的《冰心生平与创作展览》，冰心研究中心、会议厅、会客厅等，占地面积13亩，建设面积4500平方米，1997年8月25日正式落成开馆。

1999年2月28日21时冰心在北京医院逝世，享年99岁。因一生正好度过一个世纪，后被人称为"世纪老人"。

冰心是世纪同龄人，一生都伴随着世纪风云变幻，一直跟上时代的脚步，坚持写作了75年。她是新文学运动的元老。她的写作历程，显示了从五四文学革命到新时期文学的中国现、当代文学发展的伟大轨迹。她开创了多种"冰心体"的文学样式，进行了文学现代化的扎扎实实的实践。她是我国第一代儿童文学作家，是著名的中国现代小说家、散文家、诗人、翻译家。她的译作如黎巴嫩凯罗·纪伯伦的《先知》《沙与沫》，印度泰戈尔的《吉檀迦

利》《园丁集》及戏剧集多种，都是公认的文学翻译精品，1995年曾因此经黎巴嫩共和国总统签署授予国家级雪松勋章。她的文学影响超越国界，作品被翻译成各国文字，得到海内外读者的赞赏。

　　冰心同时是位著名的社会活动家。建国以来，她历任中国作家协会第二、三届理事会理事和书记处书记、顾问，中国文学艺术界联合会第二至四届全国委员会委员和副主席，中国民主促进会中央委员会副主席，全国人民代表大会第一至五届代表，中国人民政治协商会议第五至七届全国委员会常委和第八、九届全国委员会委员，全国少年儿童福利基金会副会长，中国妇女联合会常委等职。她总是以爱祖国、爱人民、爱孩子的博大爱心，关注和投入各项活动。她为我国的文学事业、妇女儿童事业的发展，为坚持和完善中国共

产党领导的多党合作和政治协商制度，都作出了杰出的贡献。

　　冰心逝世后，党和人民给她以高度的评价，称她为"二十世纪中国杰出的文学大师，忠诚的爱国主义者，著名的社会活动家，中国共产党的亲密朋友"。也就是说，冰心的成就和贡献是多方面的，她把她的一生都献给了孩子、祖国和人民，献给全社会和全人类。冰心的名言是"有了爱就有了一切"。她的一生言行，她的全部几百万的文字，都在说明她对祖国、对人民无比的爱心和对人类未来的充沛信心。她喜爱中华民族和全人类经过历史积淀下来的一切优秀文化成果。她热爱生活，热爱美好的事物，喜爱玫瑰花的神采和风骨。她的纯真、善良、刚毅、勇敢和正直，使她在海内外读者中享有崇高的威望。中国人民为有冰心这样的文学大师而自豪。

冰心文学馆

　　冰心文学馆，位于冰心公园左侧，于1997年建成并对外开放，

是全国第一个以个人命名的文学馆。

冰心文学馆占地0.8公顷，4层钢筋混凝土结构，以灰、白色为主要基调。丰富而不落俗套，朴素又不失大方，给人十分清新、典雅、悦目的感觉。冰心文学馆的大门口挂有两块牌子，一是"冰心文学馆"，二是"冰心研究馆"，均赵朴初所书。

一层为"大堂"。油光可鉴的花岗石铺地，雪白爽目的涂壁，为举办各类活动和会议提供良好的场所。这里还设有贵宾厅和会客室，装潢讲究，设施完备，可以接待外宾和国内的专家、学者。第二层为"展厅"，有大量的照片和实物，展出冰心的生平事迹和文学成就，令人肃然起敬。与"展厅"同样重要的是"冰心实物珍藏室"，珍藏着大量冰心的手稿、版本及其他的实物，是学习冰心最好的地方。第三、四层为"冰心研究中心"，主要研究冰心的文学

品格和冰心的爱心。可以接待100位左右国内外专家、学者,并可举办小型的研究会议。此外,冰心文学馆还有办公系统建筑,共有12间办公室,2间小会议室,1间大会议室以及厨房、餐厅、客房等等。院内一个大天井,种花植树,假山垒趣,绿草成茵,是一个良好的文学创作环境。

冰心文学馆展厅面积大约600多平方米,主要分为"故乡之情""烟台的海""中剪子巷""留学美国""风雨燕园""抗战萍踪""旅居日本""归来之后""'文革'十年"等部分。整个展览引人蹚过冰心的百年岁月长河。在展厅中间,特别辟出一块约40平方米的地方,复原了冰心晚年居住的中央民族大学教授楼34单元34号的两个房间,分别是客厅和卧室。原故居内所有能移动的原物全部搬了过来,按照原来的陈设复原。冰心文学馆为此闭馆近半年,重新整理布置了展厅陈列。增加了序厅,展出《冰心玫瑰》油画,《五四冰心》《小桔灯》《寄小读者》等5件巨型浮雕和2件冰心手迹木雕。

2009年5月,冰心文学馆被中宣部公布为第四批全国爱国主义教育示范基地。

第五章 聂耳：人民音乐家

坎坷的探索

众所周知，聂耳是中华人民共和国国歌《义勇军进行曲》的作曲者。聂耳是天才的音乐家，又是革命者。恰恰因为后者，才能出现前者辉煌。

"文以载道，诗以言志，乐乃心声。"聂耳本人乃至他那些激越高昂的不朽作品，都是那个特定的民族危亡时代所造就。那些铿锵有力的音符，也都是当时环境下人民的心声。日本侵华和国内抗日群众运动的风雨，在他心中激起澎湃的心潮，他在日记中提出"怎样去做革命的音乐"，音乐与革命从此结合到一起。

《义勇军进行曲》在银幕上首次响起时，不幸正逢聂耳去世，但这支歌作为民族革命的号角响彻了中华大地，还享誉全球。在反法西斯战争中，英、美、印等许多国家电台经常播放此歌。战争

结束前夕，美国国务院还批准将其列入《盟军胜利凯旋之歌》中。新中国成立前夕征集国歌时，周恩来就提出用这首歌，并在新政协会上一致通过。在1949年的开国大典和此后每年的国庆节，聂耳谱出的乐章都雄壮地奏响，这足以告慰亡逝于异国的英灵。

聂耳出生于1912年，也是辛亥革命胜利的第二年。聂耳原名聂守信，"聂耳"这个名字是他在明月歌舞剧社起的艺名。提起这个名字还有个有趣的小故事。因为聂耳对音乐特别敏感，只要能从耳朵进去的，都能从他嘴里唱出来。久而久之，大家都叫他"耳朵"。一次联欢会上，他不但能表演舞蹈，模仿各种人说话，而且能让两只耳朵一前一后地动，这对一般人来说是很难做到的。总经理给他送礼物，并称他为"聂耳博士"。他笑着对大家说："你们硬要把一只耳朵送我，也好，四只耳朵（"聂"的繁体字是耳字下面并排两个耳字）连成一串，不像一个炮弹吗？"从此，聂守信改名为聂耳。

聂耳的父亲聂鸿仪在昆明甬道街72号开了一家成春堂药铺，一边给人看病，一边给病人抓药，勉强维持一家人的生活。

在聂耳4岁时，父亲由于操劳过度，与世长辞了。这对聂耳全家，尤其是聂耳的母亲，是个沉重的打击。聂耳有三个哥哥和两个姐姐，父亲去世后，全家的重担落到了母亲一人的身上。聂耳的母亲彭寂宽是比较典型的傣族妇女，自幼没能入学读书，靠勤奋自学识了许多汉字。婚后，在聂鸿仪的帮助下，逐步掌握了药理、切脉、处方等全面的中医中药理论和医术。在聂鸿仪死后,她经过专业鉴定,取得了行医资格,继续经营成春堂药铺,坐堂把脉问诊,养家糊口。

坚毅的母亲,不仅含辛茹苦,承担着全部家务劳动,而且从不放松对儿女的教育。几乎每天晚上,她都要给孩子们讲岳飞、《柳荫记》《孟姜女》等流传于民间的故事。母亲还能唱各种民歌,包括在昆明等地民间广泛流传的洞经调、花灯调、洋琴调等等。动听的歌曲与歌曲里的故事让小聂耳着迷。这些低回哀婉的歌声,像潺潺小溪一样注入聂耳幼小的心房,成为他音乐艺术的启蒙教育。

聂耳家附近有个姓邱的木匠会吹笛子。那悠扬笛声常常使聂耳入迷,后来,他和邱木匠熟识了,就利用课余时间跟他学吹笛子,不久又学会了拉二胡、弹三弦和月琴。音乐,启迪了聂耳的智慧,也丰富了他的生活。在学校他被推为"儿童乐队"的指挥;在家里他和两个哥哥成立了"家庭小乐队"。课余或假日,他们常常结伴到西山、金殿等风光秀丽、环境清幽的地方练习合奏,有时,吃过晚饭,他们坐在翠湖堤上,一会儿合奏,一会儿独奏,一会儿唱歌,

通宵达旦，尽欢而归。

一次，聂耳路过一座庙堂，遇上庙里的乐师们正在演奏"洞经调"。那曲调时而高昂欢快，时而低沉忧伤，穿插其间的打击乐，节奏明快，动人心弦。洞经调虽是庙堂音乐，但它包含了不少民间音乐的精华，爱好音乐的聂耳被吸引住了，久久舍不得

离去。忽然，他发现乐师中有个吹笛子的人，是他家过去的老邻居。他喜出望外，事后，他带上纸和笔，找到这位吹笛子的乐师，恭恭敬敬地请他一段一段口述，自己将曲谱记录下来。后来，聂耳在上海创作的乐曲《翠湖春晓》，其意境有他与伙伴在翠湖堤上演奏时获得的神韵，也有这洞经调的"影子"。

1927年，聂耳考进了省立第一师范学校。当时，省立第一师范是昆明学生运动的中心，在地下党和共青团的直接领导下，该校的学生参加校内外活动很频繁。聂耳曾参加了共青团的外围组织读书会，阅读了很多进步书刊，进一步提高了政治觉悟。1927年，由于

蒋介石叛变革命，全国出现了一股反动逆流，全国上下笼罩在白色恐怖中，云南军阀当局也逐步开始了罪恶的大清洗。聂耳目睹了许多革命者宁死不屈，英勇就义，更加坚定了憎恶军阀统治、追求革命真理的决心。他加入共产党领导的救难会，曾多次到监狱探望、接济被押的革命同志。同时，他秘密加入了中国共产主义青年团，按照组织的要求从事刻印、张贴传单等革命活动。

1928年11月底，出于投入实际斗争的革命愿望，聂耳瞒着家庭报名参加滇系军阀范石生所招收的"学生军"，秘密离开昆明，中经越南、香港等地，到达湖南的郴州，接受所谓新兵训练。在那里，他亲身感受到了旧军队内部的黑暗与腐朽，认识到自己上了当，受了骗。经友人帮忙，1929年3月得以随军官赴广州，希望被推荐投考黄埔军校，后因资历不够没能实现。4月8日，被该部队遣散，流落广州。4月中旬，聂耳以聂紫艺的名字，考入广东戏剧研究所附设的音乐班，但入学后发现与其志愿不合，即离所。5月6日，靠朋友的借款，得以返回昆明家乡，插入原班继续学习。

聂耳在学校时很活跃，经常参加学校组织的文艺宣传活动。他不但搞音乐也演话剧，他的处女作《省师附小校歌》，就是这个时候问世的。这支歌曲雄壮有力，富有朝气，已显露出他的才华。也就在这个时期，他开始接触小提琴，常常到西山美人峰下孜孜不倦地练琴。

1930年夏，19岁的聂耳在省立第一师范毕业了。正当他要走上工作岗位时，意外的事发生了，由于聂耳参与进步学生活动，被叛徒告密，当局下令要逮捕他。当时，他三哥聂叙伦刚从日本回来，准备去上海工作。为了躲避反动当局的迫害，他三哥将计就计，让弟弟顶自己的名，连夜离开昆明去上海。

拼命三郎

1930年7月，聂耳抵达上海，在"云丰"申庄做一名不领工资的店员，后改为所谓的"驻申稽查员"的名义，领一份微薄的工资。

三十年代初的上海，一方面是国内大大小小资本主义冒险家的乐园，以官僚买办为主体的经济结构，把十里洋场装点成花红柳绿的虚假繁荣景象，梦想通过投机倒把而大发其财的小市民意识，渗入到社会的各个阶层；另一方面，蒋介石叛变革命后，中国革命处于低潮时期，在中国共产党的领导下，利用上海的有利条件，组成了"左联""剧联"等文化战线，在各阶层进步群众中播种革命的种子，为全国抗日救亡运动的蓬勃发展，奠定了思想和组织基础。

聂耳到上海后就面临着这两种截然不同的生活的影响。一方面不得不整天忙于繁重的商务劳动；另一方面他

不愿意沉沦在这种生活的漩涡之中。他四处寻找进步书刊阅读，这些书刊激起他创作的欲望，使他认识到以后的研究和创作必须摆脱个人无病呻吟的狭隘天地，应该"更深一层的向前跑，向着新的艺术运动的路上跑去"，"非集团的、不能和大众接近的瘟疫已是成为过去的东西了，它是在现社会所不必须的"。

1931年，"申庄"在昆明的总部云丰商行因为偷税被查封，上海的分店遂告关门，聂耳失业了。为了可以找到一个可以糊口的工作，他终日奔波于街头。天无绝人之路，3月28日，聂耳在《申报》上看到联华影业公司音乐歌舞学校的招生启事：每月能挣十元津贴，还管吃住，这个吸引力实在是太大了。聂耳忐忑不安地进了考场，经过初试、复试，被主考官黎锦晖录取了，成为该校乐队练习生，并于4月22日正式入住该校。

所谓"联华音乐歌舞学校"，实际是明月歌舞剧社的前身，是黎锦晖创办的中华歌舞剧团。聂耳进入时，明月与联华还在为这一改组协商谈判，所以当时对外演出还用明月歌舞剧社的名义。这是我国最早的职业性歌舞团，只有十几名年轻歌舞演员，不到十人的小乐队，连同其他编、创等工作人员在内，大约40人左右。阵容虽然不大，但是因为拥有上海有名的"歌舞四大天王"王人美、胡笳、白丽珠、薛玲仙以及影帝金焰等名角，在上海乃至全国名噪一时。聂耳在群星璀璨的"明月"是名小提琴练习生，同时还要上台串演舞蹈、杂耍以及担负大量繁重的杂物。在最初的4个多月里，聂耳没有固定的薪金，除了可以免费吃住外，只能得到一些临时性的演出津贴。直到当年9月，明月歌舞剧社正式与联华影业公司签约后，他才取得每月25元的低薪。

对于一个自幼喜爱音乐歌舞、年纪不到19岁而又处于事业困扰中的青年来说，能进入这样一个专业的艺术团体，给了聂耳一个意想不到的、将来可以成为专业音乐家的新天地。七八个人一间的狭小宿舍，练琴时得站在墙角，但聂耳却感到了生活的奢侈。初到不久，他帮助昆明老家的朋友张庚侯、廖伯民在上海代租电影拷贝，得到一百元报酬。一百元啊，离开大家庭以来他还从未拥有过这么多的钱，聂耳的心狂跳起来。第一件事就是跑到邮局给母亲邮去一半。另一半，买了一把小提琴，还有两本乐谱。这把普通的小提琴，从此为聂耳的生活增添了华丽的色彩。王人美的二哥王人艺是聂耳的专职小提琴老师。于是，人们常常看到师徒二人认真地矫正指法，"错了"，"又错了"，德沃夏克的《幽默曲》时断时续。"小老师"与聂耳同龄，平常为人很随和，教琴却毫不马虎。19岁的聂耳，刚刚摸琴，连乐谱都看不懂，哪里懂什么对位、和声，"小老师"有点急了。但聂耳可不傻，他知道自己碰上了好老师。"一定能学会。"他对自己说。吃罢晚饭，大家都结伴去逛"四马路"，到"大世界"看杂耍，聂耳却一声不吭，躲进房间练琴。他要完成自己的业务指标：一天至少"恶补"7个小时的琴。

"拼命三郎"聂耳很快出名了。其时，电影和戏剧往往裹挟在一起。一套演员班底，一会儿在舞台上演话剧，一会儿又聚集在水银灯下。这样做，虽出于制片商节省成本的策略，客观上却锻炼了演职员。比如王人美在电影《风云儿女》中除饰演女主角之外，还要唱主题歌。拉小提琴的聂耳，也要时不时上场扮个什么卖油炸臭豆腐的小贩；或者涂一身黑墨，扮成黑人矿工。他善于模仿的表演才能已是尽人皆知。

出入"明月"的都是上海滩演艺界的知名人物，蔡楚生、孙瑜、卜万苍、金焰、郑千里、王人美、黎莉莉、白丽珠、赵丹、周璇、阮玲玉等等。近观名人，聂耳才体会到什么是"风头正健"。星光照耀之下，起初投身于此只为谋生的聂耳，眼界一下子开阔起来。

"一·二八"事变以后，帝国主义的战火烧到了上海近郊，上海白色恐怖严重，这对聂耳的思想有了更直接的触动。帝国主义的侵略、人民的苦难、民族的危亡、统治当局坚持反共卖国的反动政策以及革命书刊、进步思潮的影响，促使聂耳严肃地思考自己的艺术观和应走的道路。他逐步认识到，作为一个革命的艺术家，必须要站在大众的立场上去要求自己，正确处理自己跟社会、时代的关系。

　　同时，聂耳逐渐感到自己和明月这个团体有着不同的方向，对这个团体所走的道路开始有了怀疑，对当时中国歌舞界、电影界所面临的客观情况有所警惕，对生活在这些团体中的那些青少年女演员的可悲命运感到忧愁和同情。聂耳在思想上逐渐清醒了过来，对自己、对中国艺术的前途有了新的认识和要求。当时，中国共产党提出在文艺界发展党员，壮大左翼力量。就在这时，聂耳结识了上海左翼剧团联盟负责人田汉，通过田汉与左翼文化战线逐步加深了联系，并正式参加了中国左翼戏剧家联盟及其所属的电影小组所组

织的各种活动。同时，还以"黑天使""浣玉"等笔名在报刊上发表文艺短评。其中，《中国歌舞短论》是他这阶段在艺术观上有更新的发展的集中反映。

在这篇不足千字的短论中，聂耳以简洁而辛辣的语言，指出创办中国歌舞事业的鼻祖，十几年来不辞辛劳"带领了一班红男绿女东奔西跑、国内国外"，做的都是些"热情流露""香艳肉感"的玩意儿。但聂耳并没有片面地对黎锦晖的艺术全盘否定，指出其作品中"有的却带有反封建的元素，也有的描写出片面的贫富阶级悬殊"，对黎锦晖及其歌舞的今后仍保有一丝希望。聂耳满腔热情地指出："你听不见这地球上，有着无穷的一群人在你周围呐喊、狂呼？你要向那群众深入，在这里面你将有新鲜的材料，创造出新鲜的艺术！喂！努力！那条才是时代的出路！"

在三十年代黎派歌舞风靡一时的时期，文化界、教育界及音乐界有很多人曾先后在报刊上发表文章进行斥责，并呼吁当局给予取缔。但是，所有这些批判、指责都没有像聂耳那篇文章那样全面、尖锐、深刻。这篇文章引起了明月歌舞剧社内部的轩然大波，并最终导致了聂耳的被辞退，并在报纸上刊登启事，声明今后有关聂耳的"一切言行，与本社无关"。

1932年8月，聂耳乘船离开上海，前往北平，希望能谋得一个新的职业，或者实现自己长期以来梦寐以求的上大学或进艺术专科学校学习的愿望。

高潮后的陨落

1932年8月11日，聂耳经天津抵达北平，住在宣武门外校场头三条的云南会馆里。

在北平，他与左翼戏联和音联的同志取得联系，参加了他们组织的一些活动和演出。他常在群众性的集会上演奏《国际歌》，听众随着他的乐声齐声合唱。他还到天桥去看贫苦人的各种演唱，细心地倾听他们的心声，体验他们的思想感情。他在1932年9月11日的日记中写道："在这里充满了工人们、车夫、流氓无产阶级的汗臭。……有的在卖嗓子，有的在卖武功，这些吼声，这些真刀实枪的对打声、锣鼓声……这是他们生命的挣扎，这是他们向敌人进攻的冲锋号。"

通过与左翼组织的联系和参加各种进步文艺活动，聂耳受到莫大的鼓舞和鞭策，他感到自己的前途获得了新的目标和希望。聂耳曾这样写道："半年的北平生活时把我泛滥洋溢的热情与兴趣注入正流的界堤。"

可是，由于在北平既进不了学校又找不到合适的职业，聂耳不得不在寒冬到来之前，结束在北平的逗留重返上海。

1932年11月8日，聂耳回到上海。当时上海的左翼文化运动发展很快，急需组织更多的进步文艺工作者投入电影战线。因此，

11月26日，聂耳进入联华影业公司一厂，做场记等剧务工作。

1933年春，由田汉介绍，聂耳正式加入了中国共产党。从此，他不仅获得了新的政治生命，艺术才华也得到进一步的发挥。他一生中的创作，绝大部分都是在1933至1935年之间完成的，这期间，正是民族危机极为严重的时期，也是国民党反动派对革命人民实行军事"围剿"和文化"围剿"最疯狂的时候。聂耳始终站在斗争的前列，在他创作的歌曲中，表达了人民的呼声、民族的怒吼。

当时正值中苏恢复邦交，上海的进步文化界组成了"苏联之友社"，专门从事中苏之间的文化联络和宣传，特别是向国内全面介绍苏联的社会主义新文化。在田汉的推动下，聂耳、任光等人成立了苏联之友社的音乐小组，定期在任光的住处听苏联音乐广播，学习苏联群众歌曲创作的经验，共同探讨如何发展我国的革命音乐理论和创作问题。在这个基础上，聂耳发起建立了中国新兴音乐研究会，为如何创造出既能"代替着大众在呐喊"，又"保持高度艺术水准"的"中国新兴音乐"而共同努力。

聂耳虽然在联华一厂担任的是剧务方面的工作，但由于他对戏剧表演的兴趣和才能，也曾在一些电影扮演各种群众角色。聂耳为人爽直、热情，对各种社会活动都很热心，在整个电影界都深得人心。

1933年底，国民党反动派加紧了对革命力量的军事围剿和文化围剿，指使暴徒将拍摄过进步电影的艺华公司捣毁。在这种形势下，1934年1月被厂方借故辞退，聂耳又一次面临失业的威胁。

这时的聂耳，在世界观、艺术观各方面都日趋成熟了。党的教育和左翼文化战线的斗争，使他对事业和个人前途都充满着信心。他认为，厂方的借故辞退不能阻止他前进的脚步，只能激起进步文艺界的团结和反抗。

1934年2月，有人邀请聂耳去参加南昌中央怒潮剧社的管弦乐队。起初聂耳接受了这一邀请，但当他了解到这一剧社与反动政府关系密切后，立即取消了这个计划。

1934年4月1日，聂耳加盟由英国人经营的东方百代唱片公司，在音乐部协助任光、安娥担任收音、教授唱歌、抄谱、作曲等工作，后来又升任音乐部副主任。

鉴于聂耳的才气禀赋，"百代"老板曾大气地对聂耳说：不管你是谁，你做什么，只要你能做成，有影响，有效益，你就尽管去做。

聂耳"拼命三郎"的劲头又上来了，抄谱，作曲，演出，开研究会，一刻都不消停。他是如此兴奋而忙碌，以至连写日记的时间都没了，整整7个月的"百代时期"，临到末了他才粗略地写了一篇"总结"文字。在这篇注明"四月四日"的日记里，亢奋中的聂耳一再使用"一致地赞许""批评甚佳"等火爆字眼，形容自己为电影《渔光曲》《桃李劫》《大路》创作的音乐作品。

忙碌中聂耳最用心力的是国乐队，业余演出时这个乐队也称"音乐社"。乐队很小，只有几个基本席位，成员都是往来较密切的同行，每礼拜开两次夜工，因为是同仁性质，大家的兴致很高。乐队进行了一系列的民乐伴奏和合奏形式方面的改革实验。聂耳根据云南等地民间乐曲改编完成《山国情侣》《昭君和番》等四首民乐作品，都是交由音乐社首演的，现场与报章的反响让他和他的朋友们兴奋不已。

今天，辞典里有关"聂耳"这一词条，在"《国歌》的作曲者"后面通常都会加上一句"中国新音乐的创始人"。"百代"就是聂耳"新音乐"的实验室。

1934年是聂耳创作最旺盛的一年。这年，他为田汉的歌剧《扬子江的暴风雨》创作了《打砖歌》《打桩歌》《码头工人歌》《前进歌》，并担任导演和主演；为电影《桃李劫》谱写了主题歌《毕业歌》；为电影《大路》谱写了主题歌《大路歌》和插曲《开路先锋》；为电影《新女性》谱写了主题歌《新女性》；为电影《飞花村》

谱写了主题歌《飞花歌》；还创作了儿童歌曲《卖报歌》等。1935年，为话剧《回春之曲》谱写了《梅娘曲》，又为电影《逃亡》作主题歌《自己歌》和插曲《塞外村女》；还创作了《采菱歌》《打长江》等歌曲。短短的两年多时间里，他创作出了30余首充满战斗激情和富于劳动人民感情的歌曲。

聂耳的创作之所以能够深刻地反映现实，重要的一个原因，就是他深入人民的斗争生活；和群众同命运共呼吸，从十五六岁起，他一直满腔热情地投入到现实斗争之中，对人民大众的思想感情和要求，有着比较深刻的体验和了解。但每当进行创作时，他又不满足于自己已有的生活积累，而要根据创作的具体内容，一次又一次地到群众中间，去体验和熟悉生活。写《新女性》这首歌时，他花了不少日子，在风寒霜冷的秋夜，步行一个多钟头赶到沪西纱厂，观察和了解女工们的生活和思想。为了写《码头工人歌》，他经常到黄浦江边的码头，观察和了解搬运工人的劳动情景，倾听他们的苦难呼声，认真记录下劳动号子的节奏和音调，然后运用到自己的作品中去。聂耳努力在生活实践中改造自己的世界观，力求用马克思主义的观点观察生活，由表及里地认识生活的本质和历史发展的方向，从而使他的作品能那样生动地刻画出各个阶层不同人物的典型情绪和典型性格。

聂耳对创作从来是严肃认真，一丝不苟的。歌曲《开路先锋》的歌词开头有三个"轰"字，轰字后面紧跟着有几声笑声。歌词作者孙师毅告诉聂耳，他的创作意图是：三个"轰"字是想表现要轰倒压在中国人民头上的三座大山，笑声表现出一种革命的乐观主义情怀，聂耳为了写好这个进行曲，体会词作者意图，反复进行构思。一天，聂耳整夜在房间里大步走来走去，用各种不同的哈哈大笑声，来进行比较选择，住在他楼下的房东，以为他发了神经病，第二天就撵他搬了家。

聂耳是我国无产阶级革命音乐的开拓者和奠基者。他的音乐创作，以崭新的内容和创新的形式，鲜明生动地塑造了作为历史推动者的工农群众的战斗形象，深刻有力地揭露了帝国主义和国民党反动派对人民的奴役和压榨，极大地鼓舞了人民群众的斗志。

聂耳在艺术上的创新，是立足于民族音乐优秀传统（包括五四的现实主义传统）的基础上，同时又与批判地吸收外国音乐的创作经验相结合，因而具有新的气质，但又不脱离民族音乐的传统，真正做到革命内容和民族形式的完美结合。

聂耳在艺术上的成就，是同他努力提高自己的马克思主义理论修养和刻苦钻研艺术技巧分不开的，理论修养的提高，使他确立了正确的创作思想；刻苦钻研艺术技巧，又使他获取创造性地运用音乐手段的自由。他第一次塑造了工人阶级的伟大形象，为无产阶级革命音乐开辟了道路。

在聂耳的作品中，看不到个人的感伤、颓丧、忧郁和失望，只有充满着对敌人的无比愤怒和对人民的深挚的爱。即使是像《铁蹄下的歌女》这样描写歌女"被鞭挞得遍体鳞伤"的歌，也仍然是悲伤而不绝望。

人生的价值往往成就于一个瞬间、一个阶段。1935年聂耳为电影《风云儿女》创作的《义勇军进行曲》后来成了聂耳作为一个音乐家的标志性作品，但他丰富多样的音乐实践，在1934年就已大略成型了。他自己说过："1934年是我的音乐年。"因为在这一年，他的生活和精神状态完全变了。在名人如毛的上海文艺圈，聂耳曾一度很沮丧，但这一年，他恢复了惯有的自信。

1935年1月，上海电通影业公司拍摄抗日影片《风云儿女》，田汉为影片写了主题歌词《义勇军进行曲》，聂耳承担了为之谱曲的任务。他于3月中旬开始创作，几经修改，4月下旬在日本将定稿交给电通公司。《义勇军进行曲》就这样诞生了。5月9日，百代公司为《义勇军进行曲》灌制唱片，24日，上海金城大戏院首映《风云儿女》。随着唱片和电影的宣传，上海各个角落都响起了《义勇军进行曲》的歌声。这首歌以其高昂激越、铿锵有力的旋律、鼓舞人心的歌词，反映了在民族危亡时，中华民族万众一心、团结御侮、奋勇抗争、一往无前的伟大的爱国主义精神，激发了中国人民与日本侵略者血战到底的英勇气概。它一诞生，迅即成为中华民族争取解放的号角。在抗日战争的烽火中，它传遍大江南北、长城内外，成为中国各族人民反抗日本侵略者的高昂的战歌，鼓舞了无数中华儿女用自己的血肉，筑成万众一心、团结御侮的新的长城。无数中华民族的优秀儿女，高唱着、呼喊着"把我们的血肉，筑成我们新的长城"，冒着日本侵略者的炮火，不惧流血牺牲，英勇冲锋陷阵，为挽救祖国和民族的危亡，与日本侵略者血战到底！

1935年遵义会议后，中国工农红军改变了退却的被动局面，战胜了蒋介石的围追堵截，胜利向陕北根据地进军。这时国统区的左翼文化运动也经过与反动文化逆流针锋相对的斗争，走向新的高潮，同时，群众性的抗日救亡运动也有新的发展。在新的形势下，反动政府采用了公开镇压的手段来维持自己的统治地位。1935年2月19日，中共江苏省委和左翼文化总同盟先后被破坏，丁玲、田汉等左翼文学家相继被捕。4月1日传来了聂耳也有被捕危险的消息。考虑到聂耳的人身安全，党组织决定先让聂耳到日本去考察，然后转赴苏联或欧洲学习。于是，1935年4月15日，聂耳登上了日轮，离沪赴日。

在日本的初期，聂耳除了设法补习日语外，进行了许多有关日本文艺活动的观摩、考察活动。他曾多次去观赏歌剧、话剧、舞剧及音乐会的演出，还参观了不少剧场和电影制片厂。遗憾的是，7月17日下午，聂耳与友人共赴鹄沼海滨游泳时，被无情的海浪夺去了年轻而宝贵的生命。

当时留日学生和华侨召开紧急会议，公推聂耳生前好友张天虚赶赴现场收殓，并在当地火化，负责将骨灰送回祖国。1936年，张天虚几经辗转，将骨灰送回上海。1937年8月，由聂耳胞兄聂叙伦接回家乡，次年安葬于昆明西山高晓山麓华亭寺附近的山坡上。墓前竖有徐嘉瑞撰"划时代的音乐家聂耳之墓"的石碑。1954年，云南省人民政府决定重修聂耳墓地，请郭沫若题写墓碑和墓志铭。这年2月，郭沫若书题"人民音乐家聂耳之墓"碑和墓志铭：

聂耳同志，中国革命之号角，人民解放之声鼙鼓也。其所谱《义勇军进行曲》，已被选为代用国歌，闻其声者，莫不油然而兴爱国之思，庄严而宏志士之气，毅然而同趣于共同之鹄的。聂耳呼，巍巍然，其与国族并寿，而永垂不朽呼！聂耳同志，中国共产党党员也，一九一二年二月十四日生于风光明媚之昆明，一九三五年七月十七日溺死于日本鹄沼之海滨，享年仅二十有四。不幸而死于敌国，为憾无极。其何以致溺之由，至今犹未能明焉！

聂耳是一个天才的音乐家，又是一个革命者。日本侵华和国内抗日群众运动的风雨，在他心中激起澎湃的心潮，音乐与革命从此结合到一起。《义勇军进行曲》这支歌不仅作为民族革命的号角响彻中华大地，还享誉全球。在反法西斯战争中，英、美、印等许多国家电台经常播放此歌。战争结束前夕，美国国务院还批准将其列入《盟军胜利凯旋之歌》中。

1949年9月，中国人民政治协商会议第一届全体会议确定《义勇军进行曲》为代国歌。1982年12月，中华人民共和国第五届全国人民代表大会第五次全体会议确定《义勇军进行曲》为中华人民共和国国歌。在1949年的开国大典和此后每年的国庆节，聂耳谱出的乐章都雄壮地奏响，这足以告慰于异国早逝的英灵。

　　60多年后，新世纪的第一个新春，中国广播民族乐团在奥地利的维也纳"金色大厅"演出，当地许多社会名流盛装莅临。音乐厅的气氛出乎意料地好，每一曲终了总有热烈的掌声。聂耳在"百代时期"编创的《金蛇狂舞》起奏。大厅里静极了，丰沛的个性化的旋律流淌在多瑙河畔。突然，震耳的掌声提前响起。这次音乐会上还演奏了聂耳在"百代"期间主持改编的另一首新民乐《翠湖春晓》，同样以那充满民族个性色彩的优美打动了异域的听众。

聂耳纪念馆

　　聂耳纪念馆主体群位于云南省玉溪市聂耳音乐广场一侧，共两层，建筑外形的设计构思来源于五线谱中的高音谱号和小提琴的变形，立面来源于律动的五线谱，体现了玉溪是人民音乐家聂耳故乡

161

的内涵。纪念馆设有序厅和正馆两部分。序厅中，聂耳的塑像庄严肃穆，朱德题写的"人民音乐家聂耳"金色大字闪闪发光，塑像底座的弧形线上镶着23颗五角星，象征聂耳23年伟大而短暂的一生。2009年5月，昆明市聂耳纪念馆被中宣部评为第四批全国爱国主义教育基地。

聂耳纪念馆正厅的内容十分丰富，复制的聂耳故居和聂耳父亲曾经营的成春堂被陈列其中。旁边按照聂耳的战斗历程，分"成长的摇篮""时代的熔炉""人生的锤炼""战斗的年华""永生的海燕"和"永久的纪念"等6个部分，详细介绍了聂耳伟大、光辉、灿烂的一生。基本陈列内容则分为"匆匆却又永恒""永久的纪念""国歌的诞生"等，以最全面、最翔实的历史文献资料和最珍贵的文物，生动再现人民音乐家聂耳光辉的一生。

聂耳纪念馆的展出突破传统陈列模式，利用现代、新颖的陈列展览方式，以复原场景、图片、文字、多媒体技术的立体展示结构，利用微缩景观和大型半景画，与声、光、电技术相结合，创造出充满历史氛围、艺术品位和时代气息的展览。此外，纪念馆还首次展出了涉及聂耳的许多宝贵历史资料，其中图书就有100多种，这些珍贵资料记录、宣传了聂耳的事迹和光辉形象及伟大精神。